神さまが見守る子どもの成長

誕生・こころ・病・いのち

石丸昌彦

日本キリスト教団出版局

まえがき

教会のあるところには教会学校があり、子どもたちが集まってきます。信徒にとっては見慣れた風景ですが、考えてみればこれは代々の教会に与えられた、実に大きな恵みと言えるでしょう。「子どもたちを来させなさい」とおっしゃったイエス様御自身が、この恵みの源にいらっしゃるのです。

私の属する柿ノ木坂教会（日本基督教団東京教区南支区）にも教会学校があり、幼稚科・小学科・J.C.（中高科）の3部に分かれて毎週の礼拝をまもっています。そして、子どもたちやその家族を対象として「C.S.通信」というB5判6～8ページほどの冊子を毎月発行しています。C.S.通信の第1号は1978年4月に発行され、2020年4月には505号に達します。創刊から40年以上、守られて続いてきたことになります。

C.S.通信には、毎月の聖句と解説、行事予定、礼拝で用いられる聖書の箇所と内容、前の月の活動報告などが写真入りで掲載され、一般の教会員にも愛読されていま す。創刊以来の主筆であるMさんを中心に、教会学校の教師たちが協力して準備し発行するのですが、ある時その紙面に、お父さんお母さん向けの記事を書いてみないかと、Mさんから勧められました。これは理由のあることでした。

教会学校に出席する子どもたちは最近では毎週60名ほど、これに加えて未就学児や小学校低学年の子どもと一緒にやってくる保護者が30名ほどになります。保護者の大半はキリスト教に好意的ではあるものの、聖書についても教会についても詳しいことはよく知りません。せっかく足を運んできたこのおとなたちが、子どもと共に主イエスの恵みに触れることができたらどんなに素晴らしいだろうか。Mさんと私たちのうちにこの幻が生まれました。

そこで数年前からは毎月一回、子どもたちの分級の時間を使って、「保護者科」の集いをもつようにしています。あわせてC.S.通信紙上に「お父さんお母さんのページ」を設け、Mさん自身が工夫を凝らして執筆してこられたのですが、そのコーナーを担当してみないかと勧めてくださったわけなのです。医師とりわけ精神科医としての経験を生かすようにという、Mさんらしい配慮がそこにありました。こうして２０１５年12月のC．S．通信４５３号から連載を担当し、４年近く書きためたところで一冊にまとめる機会を与えられた次第です。

私はMさんのような教育の専門家ではありませんが、一人のおとなとして子どもの健やかな成長を願わずにはいられません。ところが現実には、子どもをとりまく諸々の条件が危機に瀕《ひん》していることを、精神科医の仕事の中で日々痛感させられます。これを乗り越えるには社会全体の取り組みが必要でしょうが、とりわけ教会と教会学校にはたいせつな役割が託されていると直感します。冒頭に述べた通り、聖書と教会はその初めから子どもに向かって開かれており、イエス様御自身が子どもを招く方だからです。心と体の健やかな成長、そして何よりも魂の養いは、教会の最大の関心事です。

毎週お目にかかるお父さんお母さんの顔を思い浮かべ、子どもと共に自分自身が育てられていく楽しさを満喫していかれることを願いつつ、聖書の言葉によってエールを送ります。

「わたしは植え、アポロは水を注いだ。しかし、成長させてくださったのは神です。」
（コリントの信徒への手紙一　3章6節）

2019年　降誕節

目次

夏の便り——こころとからだ

装丁　松本七重

春の便り——いのちの誕生

産声の奇跡

人の誕生について、皆さんにはどんな思い出や経験があるでしょうか？

医学部の学生の頃、解剖学の先生が話してくださった誕生の神秘について、私は今でも鮮やかに思い出します。出産間近の胎内の赤ちゃんはすっかり体の仕組みができあがり、ひとりの人間として既に立派に生きていますが、不思議なことにまだ空気を呼吸していません。子宮を満たす羊水の中に浮かんでおり、必要な酸素や養分は臍《へそ》の緒《お》を通してお母さんから分けてもらっています。

空気を呼吸するための肺は、赤ちゃんの胸の中でしぼんだ風船のように縮こまり、出番が来るのを待っています。そして心臓は、中央の壁に大きな穴が空いて左右の部屋が直接つながり、全身から戻ってきた血液が肺に流れ込まない仕組みになっているのです。呼吸という角度から見ると、誕生直前の赤ちゃんは、水の中で生活する魚類や両生類の段階にあるとも言えそうです。

そして時が満ち、いよいよ分娩が始まります。赤ちゃんとお母さんの涙ぐましい共同作業です。長い時間の末にとうとう赤ちゃんが外の世界に触れたその瞬間、体内で驚くべきことが起こります。一瞬にして心臓の壁の穴が塞《ふさ》がり、血管のバイパスが閉じて、全身の血液が力強く肺の血管へ流れ込んでいきます。すると、畳《たた》まれた状態で待機していた肺が血液の圧力でみるみる広がり、胸をいっぱいに満たして最初の息を吸い込みます。わずかな時間の劇的な変化、そして吐き出される最初の息が、産声なのです。

顔を真っ赤にして元気よく泣く赤ちゃんの声は、お母さんには無事にわが子が生まれてきた嬉しい合図です。同時にまた、水生動物のように胎内に浮いていた赤ちゃんが、進化のステップを飛び上がってみごと陸上動物に変身を遂げた、力強い成功の知らせでもあるのです。そのことを、解剖学の先生は私たちに分かりやすく説明してくれました。このような大変身を見事にやってのける人間や動物たちの誕生の仕組みは、本当に驚くべき神秘であるとも語ってくださいました。産科の実習で分娩を見るたびに、そのことを思い出しました。そして自分の息子たちや教会の子どもたちが誕生する時には、決まって思い出してきたものです。

ベツレヘムの馬小屋でイエス様もこうして産声をあげました。イエス様のお誕生は、神様から贈られた奇跡中の奇跡です。けれどもいつでもどこでも人が生まれてくる時には、そこに神様が小さな奇跡を用意してくださっているのです。

家族のこと

命（いのち）について考えていくと、いつも決まって家族のことに思いあたります。新しいいのちは家族の中に与えられ、幼いいのちは家族の中で育まれます。若いいのちは家族から与えられた栄養を個性として実らせ、そこから自分の新しい家族をつくり出していきます。人が老いていくのも家族の中であり、やがていのちを終える時には、家族に見守られて送り出されます。このように常に家族の中に置かれていることが、人のいのちの原型でした。

今では独りで生きることを選ぶ人、独りで生きることを余儀なくされる人も増えましたが、よく見るとそれぞれ自分のまわりに家族をつくり出しています。空前のペットブームはその典型的な表れでしょう。動物だけでなく、花々や観葉植物、縫《ぬ》いぐるみや気に入りの食器などを家族の一員とし、朝夕会話している人々も珍しくありません。

生きるというのは家族と共に生きることです。昔もそうだったし、今もそうなのです。

それだけに家族とは何か、とりわけ本当の家族とは何かということを考えずにはいられません。

手許《てもと》の国語辞典には家族の定義として「夫婦を中心とした、主に血縁の人々の集まり」などと書かれてあります。他も大同小異で、「夫婦」と「血縁」は説明から外れることがありません。

しかしこれには違和感もあります。そもそも血縁はそれほど決定的なことでしょうか。血のつながった家族の中で起きる悲惨なできごとが、毎日のようにニュースで伝えられます。その一方で、血のつながらない相手を家族同様に受け容れ、そこに愛と信頼の絆をつくり出している人々や団体も数多くあるのです。「カリヨン子どもの家」は、その素晴らしい実例でしょう。(http://www.jinken.ne.jp/child/tuboi/index_b.html などをご覧ください。)

だから、本当の家族をつくり出すのは血縁ではなく、別の何かなのです。血のつながりを軽視するわけではありませんが、それは家族の出発点であってゴールではありません。私たちは「本当の家族へと成長する」という大きな宿題を神様から与えられており、その素材として血縁の家族を与えられているのです。

あいにく素材が与えられない時には、血のつながらない子どもを養子としてもらいうけ、たいせつに育てるという習慣も昔からありました。そして格言は「生みの親より育ての親」と教えています。

不妊治療が進んで、血を分けた子どもを授かる可能性が広がったのは素晴らしいことですが、それに注がれる努力や関心の何分の一かでも、生みの親に育ててもらえない子どもたちを、自分の家族として受け容れる方向へ向けられないものかと願うのです。

「夫婦」と「血縁」が家族の定義に不可欠であるらしいと先に書きました。けれども面白いことに通常の家族の中では、唯一夫婦だけがお互いに血がつながっていないのです。

昔の大家族の中で、しばしば夫婦の絆よりも親子や兄弟姉妹の関係の方が重視されたのも、そこに一因があったでしょう。しかし今日では、互いに血のつながらない夫婦の絆こそが家族の原点であり、血縁はそのまわりにくっついてくるものなのです。このことは思いのほか意義深く、示唆に富んでいるのではないでしょうか。そもそも血縁だけを頼っていたのでは信頼に満ちた家族は育たない、そういうやり方を現に私たちは選択しているのです。

そのように思い巡らす時、「家族とは誰か」という主イエスの言葉は不思議な新しさと厳しさをもって、私たちに迫ってきます。「イエスがなお群衆に話しておられるとき、その母と兄弟たちが、話したいことがあって外に立っていた。そこで、ある人がイエスに、『御覧なさい。母上と御兄弟たちが、お話ししたいと外に立っておられます』と言った。しかし、イエスはその人にお答えになった。『わたしの母とはだれか。わたしの兄弟とはだれか。』そして、弟子たちの方を指して言われた。『見なさい。ここにわたしの母、わたしの兄弟がいる。だれでも、わたしの天の父の御心を行う人が、わたしの兄弟、姉妹、また母である。』」(マタイによる福音書12章46〜50節、マルコとルカにも並行箇所があります。)

私たちはこの問いにどのように答えるでしょうか。血を分けた子どもと共に、どうしたら本当の家族へと成長していけるでしょうか?

ミトコンドリア・イブ

ミトコンドリアというものをご存じでしょうか。

動物の細胞の中に多数存在するソラマメの形の構造物で、栄養源となる分子からエネルギーをとり出すたいせつな役割を担っています。細胞内の発電所などとも呼ばれ、動物が生きていくために不可欠のパーツ、ヒトの場合も例外ではありません。ヒトの体は60兆個の細胞からできあがっており、それぞれの細胞の中に数百から数千個のミトコンドリアが存在します。60兆の千倍は6京《けい》？　気が遠くなるほどたくさんの小さな粒子が、生きるために必要なエネルギーを間断なく生み出しているのです。

ミトコンドリアには、体の他のパーツと違った面白い特徴があります。それは、子どものミトコンドリアはすべて母親のミトコンドリアに由来するということです。

一般に、人体のパーツはどこをとっても父親と母親の双方に由来します。父親からもらった遺伝子と母親からもらった遺伝子のセットが子どもの遺伝子の二重らせんを形成し、その組み合わせによって父親とも母親とも少しずつ違った新しいパーツが生まれてくるのです。

ところが、ミトコンドリアは違います。動物の命は大きな卵細胞と小さな精子が出会うところから始まりますが、卵細胞はその大きな体を養うために自分のミトコンドリアをもっています。このミトコンドリアが受精後も活動し続け、そのまま引き継がれて子どものミトコンドリアになるのです。ですから、上から下までお父さんとお母さんのハイブリッドである私たちの体が、ここだけはお母さんと完全に同じ、お母さんだけのコピーというわけです。

さらにミトコンドリアは専用の遺伝子を備えていて、他のパーツとは別個に自分のコピーを増やしていくのですが、この遺伝子も当然母親から受け継がれることになります。研究者たちはそこに注目してミトコンドリア遺伝子のルーツをたどり、長大な系図を作っていきました。その結果「現存するすべての人類は、今から12〜20万年前にアフリカに住んでいた一人の女性を共通の祖先にもつ」ことが明らかになったのです。これには世界中が、あっと驚きました。

この女性にはミトコンドリア・イブというニックネームがつけられています。イブまたはエバ、旧約聖書の創世記に登場する、神様がお創《つく》りになった最初の女性の名前です。誰もが納得したネーミングでした。

ミトコンドリア・イブについてはいろいろと難しい問題があり、誤解も多いのです。これによって聖書のエバの存在が証明されたというわけでもありません。それを承知のうえで、母の日に言寄せてぜひこのことを紹介してみたいと思いました。

聖書は次のように語ります。

「アダムは女をエバ（命）と名付けた。彼女がすべて命あるものの母となったからである。」（創世記3章20節）

私たちは母の日に、自分のお母さんに「ありがとう」を言います。自分の子どもから「ありがとう」を言われるのは何と嬉しいことでしょう。そして、誰もが自分のお母さんをもっています。私のお母さんはあの人のお母さんではありません。私はこの子の母であって、あの子の母ではありません。

けれどもいっぽうで、私たちは皆ただひとりのお母さんの子どもでもあるのです。いま地球上に存在する74億人すべてのミトコンドリアが、ミトコンドリア・イブと呼ばれる太古の一女性に由来するように、私たちの命は神様が祝福して創り出されたひとりの母、エバから始まりました。エバが「すべて命あるものの母」であるのなら、彼女はあなたの母であり、私の母であり、皆の母でもあるでしょう。ひとりの女性に由来するミトコンドリアを分け合い、ひとりの女性に与えられた命に共にあずかる74億人の兄弟姉妹が、こうして地上に広がっています。

あらためて、お母さんありがとう。

荒野のマナと母の授乳

前回はミトコンドリア・イブの話をしました。全人類のミトコンドリア遺伝子のルーツをたどっていくと、大昔のただひとりの女性にたどり着くということなのですが、この科学的な発見が「イブ仮説」として注目を浴びた背景には、「母」というイメージに寄せる人々の永遠の憧れがあるように思われます。

実はこれと同じやり方を男性のY染色体に適用し、地球上に存在する全男性のY染色体のルーツをたどりあてることも理論的にはできるらしいのですが、なぜかイブ仮説ほど話題になりません。「父」と「母」の違いに関係あるのかどうか、不思議に感じるところです。

そういえば2017年の父の日のニュースでは、子どもたちの尊敬する相手として、調査開始以来初めて「お母さん」が「お父さん」よりも上位に立ったことが話題になっていました。父や母のあり方も時代とともに変わるのは当然でしょうが、どのような方向にどう変わるのか気になります。

教会では「父なる神様」とお祈りしますけれども、これは神様が男性であるとか、母よりも父が偉いとかいうことを意味するものではありません。実際、神様は時には父親のように、時には母親のように、さまざまな働きをもって人間と関わられます。

たとえば旧約聖書の「出エジプト記」を見てみましょう。エジプトで苦難にあえいでいたイスラエルの民を、預言者モーセによって故郷のカナンにまで連れ帰る、神様の救いのわざの記録です。

紅海《こうかい》という大海の水を二つに分け、イスラエルの人々を無事に渡らせる劇的な場面は皆さんもご存じでしょう。ここでの神様のお働きはいかにも力強く、男性的で父親的な印象を私たちに与えます。旧約聖書の神様というと、私たちはまずこうした力強さと激しさを思い出すのではないでしょうか。しかし、それだけではありません。

地図のうえでは紅海を越えればカナンまで一直線、たかだか数週間の道のりに見えます。しかし現実には数多くの困難な障壁があり、イスラエルの民は実に40年もの長きにわたって荒野を放浪せねばなりませんでした。不自由な仮住まいのこの期間、イスラエルの人々の飢えを防いだのは、神様の用意してくださる不思議な食物でした。
「朝には宿営の周りに露が降りた。この降りた露が蒸発すると、見よ、荒れ野の地表を覆って薄くて壊れやすいものが大地の霜のように薄く残っていた。イスラエルの人々はそれを見て、これは一体何だろうと、口々に言った。彼らはそれが何であるか知らなかったからである。モーセは彼らに言った。『これこそ、主があなたたちに食物として与えられたパンである。主が命じられたことは次のことである。「あなたたちはそれぞれ必要な分、つまり一人当たり一オメルを集めよ。それぞれ自分の天幕にいる家族の数に応じて取るがよい。」』」（出エジプト記16章13〜16節）

これがマナと呼ばれるもので、その色は白く、ウェファースのような味がしたとあります（16章31節）。そして不思議なことにマナは日もちがせず、何日分かまとめて集めておこうとしても、翌朝まで残しておくと「虫が付いて臭くなった」ともあるのです（16章20節）。

いつもここの部分を何となく読み過ごしていたのですが、先日ふと思ったのは「まるで母乳のようではないか」ということでした。白くてほんのり甘く、美味しくて栄養満点だけれど、日もちがしなくて毎日その都度与えなければならない食物、赤ちゃんのもらう母乳やミルクはまさにそのようなものでしょう。

赤ちゃんの側でも数日分、一週間分と、飲みだめしたりできませんから、お母さんはどんなに大変でも毎日欠かさず、日に何度も根気よくお乳をあげます。これぱかりは、今日休んで明日二日分というわけにいきません。神様もまた、安息日を除いて40年間ただの一日も休むことがなかったのです。

神様は荒野の40年間、授乳する母親のひたむきさをもってイスラエルの民を養われました。別のところ（マタイによる福音書23章37節）では「羽の下に雛《ひな》を集めるめん鳥」に譬《たと》えられる、母親のような神様の姿がここにあります。このように荒野でマナをもって養われたことが、神様に対するイスラエルの民の信頼の根拠になりました。

個人の成長も同じです。どんなにつらい時でも、自分の食事を後にしてでも毎日毎時、身を絞って乳を与えてくれたお母さんのひたむきさが、記憶の表面からは忘れられても魂の奥底に刷り込まれています。成長後に人が人を信頼することができ、与えられたものを感謝して受け容れることができるようになる、そのための基礎工事が授乳の中で行われ、その後の養育の中で続きます。時代や場所が変わっても変わることのない、人の生涯の大事な第一章です。

では父親は？　父親の役割とは何なのでしょう？

父親の役割とは

ミトコンドリア・イブや荒野のマナなど「母」にまつわる話を書くうちに、すっかり「父」が後回しになってしまいました。6月の父の日も、5月の母の日と同じくアメリカで始まったとされ、お母さんが病気で亡くなった後、子どもたちを男手一つで育ててくれたお父さんへの感謝が起源になったと言われます。そういう意味で「父」と「母」の意味合いにとりたてて区別はありませんし、それで良いのかもしれません。幼子イエスを抱えてエジプトに逃れた時、ヨセフとマリアは二人で一人、文字通り一心同体であったことでしょう。

ただ、父母の役割分担があまり強調されなくなったことには、時代の影響もありそうです。不十分とはいえ女性の社会進出が進み、働くお母さんが増えたことは大きな要因でしょう。

あまり言われないことですが、日本の社会から軍隊と徴兵制がなくなったことの影響も無視できません。戦争中までのお父さんは、いざとなれば兵士となって戦場におもむく「強い」存在でした。お隣の韓国など多くの国々では今でもそうです。

いっぽうでは、シングルのお母さんやお父さんの姿も増えました。母親・父親の役割をどのように考えるにせよ、シングルの親御さんはその両方の役割を自分で果たさなければなりません。

「強い父」と「優しい母」というステレオタイプが流行《はや》らなくなっていることには、このようにさまざまな背景があるようです。そして、今日の学校教育の中では、男と女の違いを教えるよりも、違いをなくすことに強調点が置かれています。


そんな時代であっても、あるいはそんな時代だからこそ「父親の役割とは何だろうか」と考えさせられることがあるでしょう。少なくとも私にはありました。長男が生まれた時のことです。

生まれた赤ん坊を母親が慈しんで世話する姿は、美しく神々《こうごう》しいものです。「聖家族」と題する絵が多くの画家によって描かれており、もちろん幼子イエスと母マリアを描くという意味で「聖家族」なのですが、見る者は自分自身や身近な母子の姿をそこに投影するでしょう。神様に与えられた完全な幸せという意味では、すべての母子が「聖家族」であるとも言えそうです。

そんな満ち足りた様子を見ながら、ついつい「自分の役割は何だろうか」と考えてしまいました。もちろん、すべきことはたくさんあります。けれども私にできることは、その気になれば母親にもできることばかりです。いっぽう、お腹を痛めて産むことや、母乳を与えて育てることは、私には絶対にできません。越えることのできない非対称がそこにあります。嫉《そね》むわけではないのですが、何か一つぐらい男親でなくてはできない役割があってもよいのにと思いました。

皆さんの家庭では、お父さんたちはどんな役割を負っていらっしゃるのでしょう？

あらためて聖書を読み直してみると、父親固有の役割もそこにちゃんと描かれています。たとえば子どもたちに祝福を与えるという役割です。神様の祝福を子どもたちに伝えるといった方が正しいでしょう。父なる神様が与えてくださる祝福を、この世の父親として子どもに伝えることは、とてもたいせつで名誉ある父親の役割でした。

そのことを象徴的に表すのが創世記のアブラハム物語です。神様に呼ばれた時、アブラハムはそれまでの生活を捨てて神様に従って行きました。アブラハムの信仰を見て、神様は

「あなたを諸国民の父とする」とおっしゃいました。アブラハムの信仰を受け継ぐものはアブラハムの子であり、アブラハムの子らを神様が祝福してくださるというお約束（契約）がそこに生まれました。

「わたしはあなたを大いなる国民にし　あなたを祝福し、あなたの名を高める……地上の氏族はすべて　あなたによって祝福に入る。」（創世記12章2〜3節）

この約束を伝えて家族の信仰を育み、子どもたちへの祝福を祈ることこそ、アブラハムに始まるすべての時代の父親のたいせつな役割でした。イエス様の系図がアブラハムから始まる（マタイによる福音書1章2〜17節）のも、このことと関係があるでしょう。すべての人のミトコンドリアが一人の母イブにたどり着くように、人に対する神様の祝福は一人の父アブラハムに由来するのです。

産むことも授乳することもできない父親だからこそ、子どもの魂の成長に真剣にならずにはいられません。子どもの祝福を祈るお父さんたちに、神様の祝福がありますように！

祝福について

「祝福」について書いたところ、ある人から「祝福って、どういうことですか?」と訊《き》かれました。「それはもちろん……」と答えようとして、言葉に詰まりました。祝福とはいったいどういうことなのか、考えてみると意外に難しいところがありそうです。

たとえば甲子園の高校野球を考えてみましょう。決勝戦の勝者は全国の高校野球の頂点に立つものとして惜しみない拍手を送られます。そこで投げかけられる「おめでとう!」という言葉は祝福の典型的な例かもしれません。２０１７年夏の大会の優勝校は、埼玉県勢として史上初の快挙として、全国のファンから祝福されました。

けれども、勝者があるところには必ず敗者があります。敗れた高校は夏の甲子園4回目の決勝進出でしたが、過去3回に続いてまたも準優勝に終わりました。優勝校に劣らぬ力があっただけに、さぞかし悔しかったことと思います。こうした敗者の健闘を称《たた》えるのもまた祝福かもしれませんが、慰めの苦い味がそこに混じることは避けられないでしょう。苦みの混じらない無条件の祝福を味わえるのは、全国でただ一校のみ。それは、選ばれた特別の者にだけ与えられる祝福なのです。

これとは違う祝福を身の回りに探すとすれば、すぐに思いあたるのが誕生日の「おめでとう」です。これには勝者も敗者もありません。誰でも誕生日を一つもっており、二つ以上もつ人はいないのです。これほど平等で公平な祝福のしるしは他にないでしょう。

教会学校の小学科で毎月、幼稚科では毎週歌われる誕生日の歌（『こどもさんびか改訂版』116番「うまれるまえから」）が、その祝福の意味を分かりやすく伝えています。

「生まれる前から　神さまに
守られてきた　友だちの
たんじょう日です、おめでとう。
生まれて今日まで　みんなから
愛されてきた　友だちの
たんじょう日です、おめでとう。」

皆さんのおうちでは、誕生日をどんなふうに祝うのでしょう。子どもの好きな食べ物や、年齢の数だけロウソクの立ったケーキ、バースデーカードやプレゼントを用意して、家族みんなで楽しく食卓を囲む風景が一般的でしょうか。祝い方は家庭によってさまざまに違っても、その子が生まれてきたことを素直に祝う気もちは同じだろうと思います。

「一年間よい子にしてきたからお誕生日を祝ってあげる」とか、「日頃の行いや学校の成績が悪いから今年はお誕生日なし」とかいった話は聞いたことがありません。日頃から子どもに注文はいろいろあるものの、それも子どものためを思っての親心、この子が生まれてきてくれて本当によかったという無条件の喜びが、誕生日を彩る何よりの飾りでしょう。

こうした無条件の喜びから生まれる無条件の祝福は、子どもが健やかに育っていくうえで、なくてはならない魂の栄養です。無条件の祝福によって子どもは自分が愛されていることを知り、この世に歓迎されていることを知ります。自分は生きていていいのだと実感し、この実感がいずれ力強く人生に歩み出すための足場となるのです。エリクソンという人は、これを「基本的信頼の確立」と呼びました。人生の基礎工事ともいうべきたいせつな作業です。

「子どもは褒《ほ》めて育てましょう」といったことがよく言われます。短所を厳しく指摘し修正するよりも、長所を認め褒めて伸ばす方が結果がよいということでしょう。確かに一理あるのですが、「褒める」ということが条件つきのご褒美に終わるのでは、効果もたかが知れています。本当に人を育てるのは、その子の存在を心から喜ぶ無条件の祝福です。褒めることも叱ることも、この土台の上で初めて意味のあるものとなるでしょう。

誕生日の祝福をさかのぼっていくと、創世記の冒頭に記された天地創造のありさまにたどり着きます。

「神は彼らを祝福して言われた。『産めよ、増えよ、地に満ちて地を従わせよ。』」（創世記1章28節）

勝敗や優劣、成功や失敗にかかわらず、私たちは神様に祝福されたものとして存在しています。そのような祝福を子どもたちに確かに伝えるのが、教会と家庭のたいせつな役割ではないでしょうか。

ほどほどの母親

先日、横浜市の保育士さんたちの会でお話しする機会がありました。私は保育については素人です。それを承知で依頼してきた主催者には、どんな狙いがあるのだろうと考えながら準備を進めました。

当日知ったのですが、保育士という職業には立派な倫理綱領があります。その冒頭にある三箇条の宣言を、参加者全員が起立して唱和したのが印象的でした。

「私たちは、子どもの育ちを支えます。

私たちは、保護者の子育てを支えます。

私たちは、子どもと子育てにやさしい社会をつくります。」

私も一緒に唱和しながら、何か大事なことを教わっている気もちになりました。

子どもが育っていくためには親の存在が不可欠ですが、親だけで十分とはいえません。子どもをとりまく親以外のおとなたち、毎日子どもが出会う名も知らない人々もまた、子どもにとって重要な存在です。これらのおとなが子どもに対して愛情と理解をもって接するか、それとも無関心や冷淡をもってあしらうか、それによって子どもの環境も社会の風景も大きく変わってくるでしょう。

お隣の飼い犬の運命に対して私には責任がありませんが、お隣のお子さんの安全や成長に関しては、私も地域住民として一定の責任を負っています。子育てはすべてのおとなの共同の営みであり、保育士という職業はそれを象徴するもの、倫理綱領はそう宣言しているように感じました。

この日は公立保育士の会でしたので、公然とキリスト教や聖書の話をするわけにはいきません。神様の愛を隠し味で伝えられるよう、工夫を凝らして語ったことの中から、一つだけご紹介しましょう。

ウィニコットというイギリスの児童精神医学者がいました。『あかちゃんはなぜなくの』『子どもはなぜあそぶの』（共に猪股丈二訳、星和書店）などの名著があり、お母さんたちの子育てを分かりやすい言葉で励ましたことで知られています。

そのウィニコットが残した言葉の中で、とりわけ有名なのが「ほどほどの母親 a good enough mother」というものでした。「完璧な母親」ではなく「ほどほどの母親」が良いというのです。

この言葉は勘違いしないよう注意が必要です。「本当は完璧が良いのだけれど、人間は完璧ではありえないから、ほどほどで満足するしかない」という意味ではありません。「完璧な母親はかえってよろしくない、ほどほどの母親こそ最高の母親」という意味なのです。なぜでしょう？

完璧な母親がいたとしたら、子どもの欲求や必要をすべて正確に理解し、適切な世話を常に適切なタイミングで与えますから、子どもは欲求不満に陥ることがありません。それではかえって子どもが育たない、ウィニコットはそう言うのです。

どんなに愛情深い母親でも、ちょいちょい失敗をします。子どもが望んでいないものを与えたり、望んでいるものでも見当外れのタイミングで与えたりすることが、どうしても起きるでしょう。そんな時、子どもは自分の不満を母親に伝えなければなりません。知恵を働かせ、言葉や行動でアピールし、自分の望む方向へ母親を誘導しようとするはずです。その反復こそが子どもを成長させるのだ、ウィニコットはそう指摘したのです。

だから、母親は完璧である必要はないし、むしろ完璧を目ざすべきではありません。ほどほど良い母親であれば十分、ただし、子どもの異議申し立てをちゃんと聞きとる耳をもち、自分の過ちを認めて軌道修正する柔軟さを備えていなければなりません。そのように心がけることが、人間としての母親をどれほど成長させることでしょうか。

「ほどほどの母親」というウィニコットの考え方は、実はたいへん広く応用できるものです。父親もまた「ほどほど」が良いのですし、保育士も「ほどほどの保育士」が最善です。教育の場でも「ほどほどの教師」こそが望ましく、この意味からも保護者は学校の先生に完璧を求めるべきではありません。

およそ人の育ちに関わる営みでは「ほどほど」こそ最善と皆が知れば、人はどれほどか楽になり、また謙虚になれることでしょう。

神様は全能のお方であるのに、私たちは不完全な環境に置かれ、不完全な自分を抱えています。かえってそこに私たちの成長を喜びとなさる神様のおこころがあるのではないか、話しながらそんなことを思っていました。

雷雨の午後

「地域の子どもの安全と成長に私も責任を負っている」「子育てはすべてのおとなの共同の責任である」などと主張すると、疑問や反論も返ってきます。「結構な話だけれど理想論ではないか」「自分の子どもを守るだけで精一杯」、そんな「本音」も聞かれます。しかしそうでしょうか?

地域のおとなの理解がなければ、そもそも子育ては成立しません。さらに少しの協力があれば、子育ては大きな実を結ぶことができます。

私は5歳から8歳まで、群馬県の前橋市に住んでいました。「からっ風」や「かかあ天下」が名物とされる土地ですが、雷の激しいことでも有名です。東京の雷はピカッと光ってゴロゴロと鳴り、どこかのんびりしています。北関東の雷はそんなものではありません。目の底まで貫くような稲妻とともに、ものすごい轟音《ごうおん》が天井を震わせます。生きた心地がしないとはこのことです。

小学校へ上がった頃、ある午後のことでした。夕立が来ないうちにと母が自転車で買い物に出かけた後、にわかに空がかき曇り、たちまち激しい雷雨になりました。白い稲妻が空を裂いたかと思うと、特大の轟音がして火柱が立ちました。１キロメートルほど離れた巨大なガスタンクの避雷針に落雷したのです。

留守番の私は窓を見上げて震えていました。母が無事に帰ってくるかどうか、恐ろしさと心細さで半べそをかいていたに違いありません。

その時、お隣の家の扉が開き、その家のおばさんが駆け出してきました。どしゃ降りの中をまっすぐこちらへやってきて、窓越しに手を振っています。窓を開けると、おばさんが笑顔で言いました。

「ぼく、おばさんちにいらっしゃい、お母さんが帰るまで一緒に待っていよう。」

後のことはよく覚えていません。おやつでも出してもらって、その家の子どもと一緒にいただいたのでしょうか。親切にしてくれたおばさんの顔も名前も、今では思い出すことができません。

ただ確かなのは、日頃それほど行き来もなかった隣家の人が、雷雨の中で留守番している私を、自分の子ども同様に気遣ってくれたことです。細かいことは忘れてしまっても、雷雨の中を駆けてくるおばさんの姿は今もはっきり思い浮かべることができます。思い出すと、胸の中に温かいものが湧いてくるのです。

人の性格やパーソナリティは、幼い頃からの経験のつみかさねによって作られていきます。親から無条件に愛される経験は何よりたいせつですが、親以外のおとなから受けた配慮や親切もそれに劣らず貴重です。

子どもがもっぱら親だけに守られて過ごすのは、幼稚園や保育園にあがるまでのわずかな期間に過ぎません。その後の長い年月にわたり、子どもは先生や保母さんをはじめ、たくさんの「よそのおとなたち」と数限りない出会いをくり返して育つのです。

出会うおとなのまなざしに支えられ、言葉に励まされることもあれば、叱られてびっくりすることもあるでしょう。それらの経験の一々が、子どもの人格形成の刺激として働きます。

同時に子どもはおとなのすることを実によく観察し、見るそばからまねるものです。優しくされた子どもは優しくすることをまね、邪険にされた子は邪険にすることをまねるでしょう。こうした模倣もまた、子どもの人格形成の重要な原動力です。

自分の子どもの成長を考える時、おとなたちとの良い出会いが子らに与えられるよう、願わずにはいられません。願う以外に私たちにもできること、それは私たち自身が一人のおとなとして、地域の子どもたちに良い出会いを提供することです。私たちのまなざしや言葉、ちょっとした配慮や親切が、もしかすると子どもの一生の温《ぬく》もりになるかもしれません。私たちが忘れても、子どもが覚えているでしょう。

自分の子どもを大事にしたいなら、すべての子どもを大事にすることです。人間は助け合って生きるよう、神様によって造られているからです。

聖書の告げる新しさ

1月には新年が始まり、4月には新年度が始まります。

幼いお子さんをもつお父さん・お母さん方には、「新しい一年」という言葉がさぞ嬉しく響くことでしょう。子どもたちは心も体も日々成長していきます。文字通り一日ごとに知恵と力を身につけていくのですから、一年も過ぎれば見違えるようになっているのも当然です。今年はどんな楽しみを与えてくれるだろうか、来年の今頃はどうなっているだろうかと、新しい一年への期待を膨らませていることでしょう。今でなければ見られない成長ぶりを、大いに楽しんでいただきたいと思います。

ところで、成長という現象はそもそもどういう仕組みで起きるのでしょうか?

体のサイズが大きくなる仕組みは分かりやすいものです。成長期の子どもの場合、大腿骨《だいたいこつ》など長い骨の端っこ近くに活発に細胞の増える部分があり、骨を形づくる細胞がどんどん増え、それにつれて骨が長くなり身長が伸びていきます。
知識が増えたり理解力が増したりする、知能の成長はどうでしょう？　こちらは少し話が違っていて、知能を支える脳細胞の数は誕生した直後に最も多く、その後は増えるどころか次第に減っていくと考えられています。それで大丈夫なのかと心配になりそうですが、細胞の数が減る一方で細胞同士の連絡網が目ざましく発達し、神経の回路が作られることによって脳全体の働きが成長するのです。

このことから、骨の成長と脳の成長では大きな違いがあることが分かるでしょう。骨の成長は思春期に大きなピークを迎えた後は急激に減速し、成人後は現状を維持するだけで再び加速することはありません。これに対して脳の回路の発達は、若い時期に最も活発であるものの成人後も止まることはなく、条件次第で長く続くものと考えられています。

骨格の成長よりも長く続く知能の成長ですが、それにも増して永続し、生涯にわたって止《や》まないのは人格の成長です。心の豊かさの成長、あるいは魂の成長と言ってもかまいません。同時代人に対する思いやり、後の世代に対する配慮、人間性への深い洞察、同胞のための執《と》りなしの祈り、そうした魂の働きは時とともにとぎすまされ、何歳になっても成長を続けることができるでしょう。

エリクソンという人はそこに注目し、老年期こそ人生の仕上げをする統合と成熟の時期であると考えました。しかも、その土台となるのは幼年期にしっかり愛された体験であるというのです。生涯にわたる魂の成長の、大事な基礎工事に皆さんは携わっています。

毎年この季節には「新しい」という言葉の意味を考えさせられます。決まって思い出すのは「大賀《おおが》ハス」のこと。千葉県で出土した2000年以上も前の古いハスの実を水辺で育ててみたところ、立派に発芽・成長して美しい花を咲かせたという実話です。大賀ハスは、国内はもとより世界中に根分けされ、国際親善に大いに役立っているそうです。

このハスの実は時間的には古くても、質的には全く新鮮なものでした。それはクリスマスの物語によく似ています。2000年の昔に起きたできごとですが少しも古びることなく、聖霊の水が注がれる時にはいつでも発芽し、美しい花を咲かせるみずみずしい命を宿しているのです。

聖書の中にはこういう意味での新しさがくり返し登場します。時間的に新しい（ネオス）のではなく、このハスの実のような新鮮な力をもつという意味で新しい（カイノス）のです。その新鮮な力にあずかることによって、私たちもまたいつでも、いつまでも、新しい自分に生まれ変わることができる、そういう約束がそこにあります。

「たとえわたしたちの『外なる人』は衰えていくとしても、わたしたちの『内なる人』は日々新たにされていきます。」（コリントの信徒への手紙二 4章16節）

子どもたちがこんな新しさを身にまとって成長していったら、どんなに素晴らしいでしょうか。来年、再来年は楽しめても、10年後、20年後には止まってしまうような成長ではありません。子どもたちが90歳になり100歳になっても、なお新しい自分を発見して喜べるような、そんな成長であり新しさです。

子どもたちの魂が豊かに成長する一年でありますように！

夏の便り——こころとからだ

体の声を聞くということ

キリスト教は「ことば」をとてもたいせつにします。毎日の子育ての中でも「ことば」は大事なポイントでしょう。ただし、文字で書かれたり、声で語られたりするものだけが「ことば」ではないことに、私たちは注意する必要がありそうです。

三男が生まれる少し前のことですが、ある朝起きて鏡を見たら、額から頭にかけて一面に湿疹が出ていてびっくりしたことがありました。すぐに近所の皮膚科を受診したところ、ベテランのお医者さんは事もなげに「帯状疱疹《たいじょうほうしん》ですね」と宣告し、薬を処方してくれました。「何かストレスがあるのでしょう、お仕事は何ですか?」と訊《き》かれたので「精神科医です」と答えたら、ニヤッと笑われました。「他人のストレス対策はできても、御自分のストレス管理は難しいようですね」とその表情に書かれていました。

帯状疱疹はウイルスが原因ですが、このウイルスそのものは人体の中にいつでも存在しています。ふだんはおとなしくしているのに、その人の体調が悪化したりストレスがかかったりすると、やおら暴れだして症状を表すので、日和見《ひよりみ》感染などと呼ばれたりします。三男の出産はきわめて順調でしたが、兄たちと違って予定日になってもお産の始まる気配がなく、少しだけ心配しました。そんなことが自分でも気づかないうちに心の負担になっていたのを、体が敏感に感じて反応を起こしたのかもしれません。

こういった病気の起こり方を「心身症」と呼ぶのはご存じの通りです。心身症は誰にでも起きるもので、心の健康と体の健康が切っても切れない関係にあることを、よく示しています。そしてこういう場合の心身症の症状は、体が発している一つの「ことば」とも言えそうです。

子どもの場合、心と体のつながりはおとな以上に密接であり微妙でもあります。小学生ぐらいの子どもが朝になると決まって「頭が痛い」とか「お腹がヘン」とか言い出し、様子を見ているといつの間にかおさまるといった「登校しぶり」は、多くの家庭で見られることでしょう。たぶん何か心理的な理由があるのですが、子どもはそれをうまく説明することができません。説明できないというより、自分でも何が起きているのか分からないのです。まだ十分に自分自身を語れない幼い心の代わりに、体が「行きたくない」と訴えているのが頭痛や腹痛といった症状の意味であり、子どもの体が幼い心を懸命にかばっているようにも感じられます。

こんな時、おとなの側には子どもの体が語る「ことば」を読みとる目、聞きとる耳が必要です。「何があったの、話してみなさい」と問い詰めるのは少々無理な注文で、心のうちをことばで説明できるようになるのは思春期にさしかかってからのこと。個人差もあり男女差もありますが、中学から高校ぐらいがおおむねその時期にあたるでしょう。自分の心の中を自分で覗《のぞ》きこんで自問自答する「内省」の能力が発達し、それを言葉で表現できるようになるのが思春期なのです。

思春期の心身の発達が進むにつれ、小学生の頃によく見られていた原因不明の頭痛や腹痛はしだいに減っていき、入れ替わるようにおとな同様の心の悩みが「ことば」で訴えられるようになります。しかしおとなになったからといって、体は「ことば」としての働きを失ってしまうわけではありません。本人の気づかないストレスを、心に代わって体が訴えることがあるのは、私自身の例で示した通りです。私たちは口で語る「ことば」のほかに、体で語る「ことば」を与えられています。どちらも神様がくださった貴重な道具ですから、おろそかにせずその使い方に習熟したいものです。

体で語る子どもの「ことば」をよく観察することはもちろんですが、自分の体が訴えかけてくる「ことば」に耳を傾ける習慣を、おとな自身が養ってみたらどうでしょうか。忙しすぎる現代人は自分の体の声に耳を傾けることを怠《おこた》り、それがしばしば病気と不健康の温床になっています。私たち自身も子ども同様に体で語るものであることを思い出し、私たちの体を通して伝えられる神様のメッセージに耳を傾けたいと思うのです。

感情は伝染する

ザリガニを使った実験の話です。

水槽に入れたザリガニを、水を激しくかき回しておどかしてやります。するとザリガニは大慌てで水の中を右往左往します。ちょっとかわいそうですが、おどかすだけで傷つけはしません。これが第一段階。

次にこのザリガニを取り出し、別のザリガニを同じ水槽にそっと入れてやります。するとザリガニは、まるで自分がおどかされたかのように大慌てで右往左往するというのです。

カラクリは簡単で、最初のザリガニが恐怖を感じた時にある種の物質を水中に放出し、その物質を後のザリガニが感知して同じように慌てるのだそうです。危機を伝える物質の仲立ちで、ザリガニからザリガニへと恐怖が伝染するといってもいいでしょう。

これは自然界では大事なことで、たとえば一匹のザリガニがアライグマに襲われた時、そのザリガニの恐怖がすばやく伝染するなら、周りのザリガニがいちはやく逃げ出すことができるでしょう。ザリガニは不安や恐怖をお互いに共有しており、そのことにはちゃんと意味があるわけです。

人間同士の間でも、恐怖や不安は伝染しやすいものです。不快な感情ばかりでなく、和気あいあいとした寛《くつろ》ぎや喜び、興奮や熱狂なども伝染します。一般に人間の感情は伝染する性質をもっているとも言えそうです。

ただしザリガニのように、何かの物質が空中に放出されることによって伝染するわけではありません。周囲の人々の表情・動作・息づかいなどを目や耳や時には肌で察して、これに同調しているのでしょう。

こうした同調にあたって重要な役割を果たすのが自律神経系です。全身に分布する神経の中で、内臓の働きをつかさどる神経は意志の力で自由にコントロールすることができないので自律神経系と呼ばれます。人体に備わった自動制御システムとも言えます。

このシステムは感情の影響を受けやすく、同時に他人のシステムとの間で同調しやすい性質をもっているのです。分かりやすい例は「アクビ」です。アクビが何のためにどういう仕組みで起きるのか、いまだによく分かっていません。しかしそれが独特の気分を伴って強力に伝染することは、誰でも確かに知っています。感情も気分も、もともと伝染しやすいものなのです。

感情の伝染については、それぞれさまざまな体験や連想があることと思います。
２０１１年3月11日には、東北から発信された恐怖がまたたく間に国中に伝染しました。それは痛ましい感情でしたが、人々の間に同情と共感を呼び起こし、援助に立ちあがらせる最初のきっかけにもなりました。日本という巨大な水槽の中に、危機を伝える物質が投入された結果とも言えるでしょう。

私は都内の仕事先から5時間ほど歩いて帰りましたが、途中の環七通《かんななどお》りの異様な風景が忘れられません。押し黙って早足に歩く、おびただしい人の群れから、殺気のようなものが発散して道路全体を押し包んでいるのです。こんな時だからこそ、皆で歌でも歌いながら歩けないかと思いましたが、そんなことをすればケンカになったかもしれません。伝染する殺気が、それほど皆を支配していたのです。

空気の重さに耐えかね、わざと住宅街の小道にそれて歩いていくと、人気《ひとけ》のない小学校の校舎全体に煌々《こうこう》と照明がともっていました。

白い光を見あげてほっと安堵の息を吐き、「あなたのみ言葉はわが足のともしび、わが道の光です」という詩篇119篇105節（口語訳）の言葉を思い浮かべたものでした。

伝染する感情はいいものばかりを伝えるとは限りません。しかし、互いに通い合う感情の回路を備えられていることは、摂理の恵みに違いないでしょう。

「喜ぶ者と共に喜び、泣く者と共に泣きなさい」（ローマ人への手紙12章15節、口語訳）と聖書は教えます。そうするために必要な共感のシステムは、私たちの体と心にちゃんと備わっているのです。それを素直に伸ばしていきたいものです。

目と耳を開くこと

「ザリガニの話ですけど、不安が伝わるってことは、安心も伝わるってことですよね？」

「そうです。」

「それなら不安に負けずに、安心をいっぱい発信すればいいわけだ。」

「そう、その通り！」

「感情は伝染する」を読んだ読者とのやりとりです。伝えたかったことを的確に読みとってくれました。この人は日頃から、ものごとをポジティブに見ることの達人です。彼なら震災の晩の環七通り《かんななどお》でも、歌を歌って皆を励ませたかもしれません。

イスラエルの民が紅海《こうかい》を渡る時、モーセの姉ミリアムがタンバリンを鳴らし踊って民を励ましたことが思い出されます（出エジプト記15章20～21節）。死の恐怖におののいていた民ですが、小太鼓の音を聞く耳をもっていたことは幸いでした。発信される安心を聞きとる耳をもてるかどうかは、時として生死を分けるほどの違いを生むかもしれません。

満員電車の通勤は東京の生活でいちばん嫌いな場面ですが、以前はときどき面白いことがありました。冬の朝、吊り革につかまってぼんやり外を眺めていたら、ビルの谷間から真っ白に雪化粧した富士山がいきなり姿を現したのです。隣の人が「あっ」と叫んだので、周りの人々が一斉に振り向き、続いて「ほう」という大小のため息が漏れました。思いがけない連帯感がその場に生まれ、ちょっと得をしたような嬉しい気分になったものです。

実は先日、40年ぶりによく似た風景に出会いました。建物が途切れて車窓に冬の青空が開けた時、純白の富士山が目に飛び込んできて、思わず「あっ」と声を挙げたのです。けれども今度は、誰も振り向く人がありませんでした。寝ているわずかな人を除く全員がスマホに見入っており、イヤホンに聞き入っていたからです。私ひとりが遠見に愛《め》でる富士山は、つまらなそうに肩を落とすかのようでした。

誰も周りを見ようとせず、首をうなだれた同じ姿でスマホをいじっている風景は、良し悪し以前にひどく不気味なものに私には感じられます。一様な無表情は震災の夜の環七通りの不気味さを連想させるのですが、カラクリは正反対かもしれません。あの夜の環七は強い不安が皆を一様に覆っていました。昨今の電車内では、他人と関わりを断って自分の世界に入り込むためにスマホに没頭するのです。

身体的な自由を奪われてもみくちゃにされる電車内で、せめて頭の中は自由を奪われまいと抵抗しているようにも思えるのですが、果たしてそれで自由になれるものかどうか。仲良しとのLINE《ライン》ならまだしも、気がつけば前も後ろも同じゲームに夢中になっていたりします。そしてLINE派もゲーム派も周囲を見ないことには変わりがなく、せっかくの富士山に気づくゆとりがありません。ミリアムがタンバリンを打っても耳に入らないことでしょう。

何より悲しいのは、目の前にお年寄りが杖をついて立っていても気がつかないことです。気づかないふりをしているのか、それとも気づかずにすむよう、ことさらスマホに見入っているのでしょうか。

教会学校の礼拝で、最後の審判の箇所を読みました（マタイによる福音書25章）。再臨のイエス様は、すべての民を「羊飼いが羊と山羊《やぎ》を分けるように」右左に分けていきます。羊飼いなら羊と山羊を見間違えることはありえません。そのように確かな目印となるのは、イエス様が飢え渇いていらっしゃった時、食べ物や飲み物をさしあげたか、それとも知らん顔をしていたか、ただそのことに尽きるとイエス様はおっしゃいます。そして「わたしの兄弟であるこの最も小さい者の一人にしたのは、わたしにしてくれたことなのである」（40節）とおっしゃるのです。

飢え・渇き・貧しさ・病・入牢などの苦難は今の私たちの日常から距離があるようですが、決してそうではありません。いっそこんなふうに言い換えてみたらどうでしょうか。

「あなたは私が満員電車の中で難渋していた時、席をゆずってくれた。あれは私だったのだ」と。

身の回りにいらっしゃるイエス様を見逃すことのないよう、目と耳を開いていたいのです。

自己愛について（1）

自己愛などというと何か大層なことのようですが、要するに自分が可愛い、自分が大事ということです。それ自体は、何も悪いことではありません。イエス様は「隣人を自分のように愛しなさい」とおっしゃいました（マタイによる福音書22章39節）。自分自身を愛することは人間の自然な傾向です。イエス様はそれを踏まえて「自分を愛するだけでなく、同じように隣人を愛しなさい」とおっしゃったのです。もしも自分自身を愛することのできない人がいたら、隣人を愛せよと言われてもどうやったらいいか分からないことでしょう。

だから、自分自身を堂々としっかり愛せるようになることは、人生のたいせつな基礎工事です。人生最初の大仕事かもしれません。と言いますのも、人生最初の一年は、もっぱらこの基礎工事に充《あ》てられるからです。

自分では何もできない赤ちゃんに乳を与えおむつを換えるお母さんの世話が、赤ちゃんの中に「自分は愛されている」という感覚をしっかり植えつけます。これが自己愛の大事な土台になるのです。この時期の赤ちゃんにとって、きっと世界は自分を中心に回っているように思われることでしょう。初めはそれで良いのです。私たちの人生は自己愛の楽園から始まります。赤ちゃんの笑顔は、楽園に住む幸せをそのまま表しているのでしょう。

けれどもやがて楽園を追われる時がきます。満1歳前後の劇的な変化です。歩けば転び、転べば痛い、痛みの責任は自分が負わなければなりません。離乳とともにトイレ・トレーニングが始まり（アメリカ人の場合はもっとずっと遅いのですが）、これまで優しいばかりだったお母さんが、「しつけ」という盾《たて》を手にして立ちはだかります。無条件・無際限だった自己愛の広がりが、みるみる縮まっていきます。

さらに手強いのは弟妹の誕生です。新しく生まれた赤ちゃんは、何より大事なお母さんの愛を奪っていく脅威ですから、兄姉の中に強い嫉妬を引き起こすのも無理はありません。一方で弟妹は血を分けたかわいい存在でもあります。そのように憎くもあり愛《いと》おしくもあるきょうだいの間で、耐えがたきを耐えてお母さんの愛を分かち合い、ギヴ・アンド・テイクで共存することを学ぶ時、子どもは人として大きく成長します。

ですから、「きょうだいは他人のはじまり」とは実は素晴らしい言葉だと私は思うのです。

「きょうだい」という血を分けた他人と一つ屋根の下で暮らすことが、どれほど大きな養いになるかしれません。その何よりの効用は無限大の自己愛をほどよいサイズに削り込み、他者と共存することを学ばせてくれるところにあります。

そのありがたい「きょうだい」をもたないのが一人っ子の難しさです。際限のない自己愛を克服するために、一人っ子はしばしば相当に苦労しなければなりません。少なくとも私はそうでした。

自己愛について（2）

「一人っ子は、それだけで神経症だ」と言った学者があります。まったく世の中にはイヤなことを言う人がいるものですが、言おうとすることは分からないでもありません。

前回お話ししたように、兄弟姉妹間の葛藤は人を成長させる大きな原動力です。幼い子どもにとって何よりたいせつな親の愛情を、自分と同じ熱心さで貪欲に求める油断のならないライバル、時に憎らしいけれど同時に愛《いと》おしくもある大事な肉親、そのように血のつながった「他人のはじまり」と生活を共にする中で、ほどほどに主張しほどほどに譲ることを人は学んでいきます。ギブ・アンド・テイクの練習でもあり、社会性を養う基礎訓練のようなものですが、決して生やさしいものではありません。

教会に通いはじめた頃に聖書の通読にとりくみ、読みはじめて早々に驚いたのは、人類最初の人殺しが兄弟の間で行われたことでした。創世記4章にある通り、兄カインは畑の作物を、弟アベルは育てた家畜をそれぞれ献《ささ》げ物としたのですが、なぜか主はアベルとその献げ物を喜ばれたものの、カインとその献げ物には目を留められません。カインは激しく怒り、その怒りがカインに弟殺しの罪を犯させます。父なる神の愛が自分ではなく弟に注がれたこと、そのことへの妬《ねた》みがこれほどまでに激しい怒りを生んだのです。彼らはアダムとエバの息子たちですから、人間は創造の初めから、兄弟同士が命がけで争い合う宿命を負っていたのです。罪の中に生きる人間を描く聖書の筆致は、冷徹なもので容赦がありません。

けれどもそれだけではありません。兄弟間の葛藤と言えば、もう一つ忘れられないのは同じく創世記37章以下に語られるヨセフ物語です。ヨセフは父ヤコブの特別の寵愛を受けて育ち、それを母親違いの兄たちに考えもなく自慢し吹聴します。兄たちの怒りは抑え難いものになり、ついにヨセフは荒野の穴に突き落とされたあげく、遠いエジプトへ奴隷として売られてしまうのです。

ここまではカインによるアベル殺しの再話を聞かされているようですが、ヨセフ物語には続きがあります。ヨセフは売られていったエジプトで頭角を現し、神様から授けられた夢解《ゆめと》きの異能のおかげで、ファラオの宮廷の宰相にまで出世します。やがて世界的な飢饉《ききん》が起き、兄たちは食糧を求めてエジプトを訪れ、ヨセフと再会します。今やエジプトの最高権力者となったヨセフにとって、兄たちに復讐するのはたやすいことでしたが、彼が選んだのはすべてを神様のご計画として受け入れ、兄たちを赦《ゆる》すことでした。「わたしはあなたたちがエジプトへ売った弟のヨセフです」に始まる、創世記45章のヨセフの言葉は真に感動的です。

自分を迫害した相手を神の御心ゆえに赦すヨセフの姿は、十字架物語の予告編とも言えるものですが、兄弟のあり方についても大事な示唆を与えています。兄弟姉妹は厳しい競争を通して社会性を鍛え合うばかりでなく、互いに赦し合うというかけがえのない作業をも経験するのです。激しくぶつかり合うからこそ、和解の喜びはひとしお深いものになることでしょう。すべての兄弟姉妹が赦しと和解を経験するとは限りませんが、兄弟姉妹を備えてくださる神様の御心は、そこにあるように私には思われます。

前回からのテーマに話を戻せば、こうした貴重な成長の機会を家庭内にもたないのが一人っ子のつらいところで、その分だけ自己愛の克服が難しくなるというカラクリなのですが、実は今日の社会において、この問題はいわゆる一人っ子だけの問題ではなくなっています。

自己愛について（3）

現代の社会では、人が自己愛を克服して成長していくことが難しくなっている、と書きました。

これにはさまざまな背景がありますが、少子化のインパクトはとりわけ大きなものでしょう。兄弟姉妹をもたない一人っ子の難しさはこれまで見てきた通りです。私が育った時代、特に地方都市では断然少数派だった一人っ子は、今では少しも珍しくなくなりました。一人の孫を四人の祖父母が競って可愛がる風景は微笑ましいものですけれども、ややもすれば子どもの歓心を買おうとして甘やかしたり、むやみに高価な品物を与えたりすることが起きがちです。サービス至上、クレームしたもの勝ちといった世間の風潮も、子どもの敏感なアンテナに伝わらないはずがありません。「お客様は神様です」というフレーズは50年前には斬新でしたが今ではあたりまえの現実になりました。そして「お子様」は「お客様」の中でも最上位に置かれています。

これに輪をかけるのが各種のゲームです。ゲームは大のおとながハマるほど面白いものですが、それだけに副作用も深刻で、現実の肉体的な活動や接触を伴わず、頭の中と指先だけでイメージが展開する「仮想現実（バーチャル・リアリティ）」の弊害は見逃すことができません。夏目漱石の『坊っちゃん』の中に、兄と将棋を指していてケンカになり、駒を兄の顔にぶつけて叱られる場面がありますね。もちろん褒《ほ》められたことではありませんが、ゲームを通して生身の人間がぶつかり合うことは遊び本来の醍醐味の一部で、大きな教育的意味をもつものでもありました。昨今のいわゆるゲーム（機）は、そうした機能を欠くところが根本的に不自然なのです。

さらにゲーム空間の中で、プレイヤーはあたかも神のごとく振る舞います。自分が絶対の支配者であり、不都合な状況になればリセットすれば良いのですし、どんなに身勝手に振る舞っても将棋の駒を投げつけて反発してくる生身の相手はそこにいません。こうした仮想空間で長い時間を過ごすことが成長途上の子どもの脳にどれほどの影響を与えるか、とりわけ子どもの自己愛をどれほど増長させるか、想像するに難くないでしょう。

昨今は大学でも「学生へのサービス」が強調され、学生はすっかり顧客（＝神様）化していますから、このように肥大した自己愛が成人後まで手つかずのケースも多いのです。けれども大学を卒業して就職した途端、状況は一変します。職場では当然ながら給料分の働きを要求され、失敗すればきっちり責任を問われますし、時には自分に落ち度のないことで叱責される理不尽も生じます。その結果、これまでぬくぬくと守られてきた自己愛は初めて深刻な危機に直面することになります。心理学で「自己愛の傷つき」などと呼ばれる現象で、それ自体はいつの時代にもあったことですが、それが社会全体に蔓延《まんえん》しているのが現代の難しさだというのです。

多くの業種で指摘される若者の早期離職には、おそらくこうした自己愛の病理も関わっているでしょう。いわゆる現代型のうつ病が増加していることや、昨今頻発する常軌を逸した数々の事件なども、これと無関係ではないように思われます。

さて、どうしたものでしょうか？

自己愛について（4）

「自己愛」の話がすっかり長くなり、自分でも驚いています。「生まれた時は全開状態の自己愛を適切にシェイプアップできないと、おとなになってからたいへん」「今の時代はとりわけその作業が難しい」などと書いてきたわけですが、これらは思っていた以上に大きな問題のようです。実際、大学教育の現場でも精神科の診察室でも、「自己愛の克服」が緊急の課題になっていることを痛感します。

今はまた、誰もが自分というものを持てあましているようです。いつの時代でも若い人は多かれ少なかれ自分を持てあますものですが、昨今は「自己実現」がたいせつであると皆が口を揃えて言うのですから、なおさらたいへんです。以前、勤めていた大学でいわゆるＡＯ入試の面接を担当した時は、懸命に自分のユニークさや長所を訴える若者の姿を見て、頼もしいというより痛ましい気もちになりました。コツコツやっていればいつかは認められる、評価は周りに任せておけばいいさ、そんなふうにのんびり構えていることが許されず、自分で自分の価値を証明する責任までも、若い人が負わされているように見えたのです。そんな風潮も「自己愛」へのこだわりに拍車をかけるのではないでしょうか。

「自己愛の過剰」が問題となる一方、「自分自身を愛せない」人々も世間には多いのです。NPO活動でご一緒したSさんは温厚そのものの60代の男性ですが、幼い頃はお父さんが酒乱であったために自分の感情を抑え続けて育ったといいます。いつ殴られるか分からないのでいつもおとなの顔色を窺《うかが》い、お父さんから殴られるお母さんを守ろうとしてひたすらお母さんをかばい、気がついてみると「自分を大事にする」ということが全く分からなくなっていました。

そのような自分がいわゆるAC（adult child）だったと気づいたのはつい最近のこと、奥さんの指摘のおかげであり教会の支えのおかげだったと涙ながらに語ってくれました。自分自身を愛することを知るまでに、何十年もの時間がかかったのです。

このような「自己愛の欠如」を生じるのはアルコール依存症ばかりではありません。子どもの貧困が深刻化する現代の日本で、それは珍しくない風景になってしまっています。

自己愛の過剰と自己愛の欠如、方向は正反対ですが、ほどほどにバランスよく自分を愛することの困難という意味で根っこは共通しています。その原因や対策を論じていけば何冊もの本が書けるでしょうが、要するに「人は自分にとって何がたいせつか、自分では分からない存在である」ということに尽きるのではないでしょうか。使徒パウロは次のように言います。

「わたしは、自分のしていることが分かりません。自分が望むことは実行せず、かえって憎んでいることをするからです。」「わたしは自分の望む善は行わず、望まない悪を行っている。」（ローマの信徒への手紙7章15節、19節）

こうして自分の限界（＝罪）を見極めたパウロが目ざしたのは、自分にとって何が良いことかの判断を神にゆだねるという信仰の道でした。自己愛問題の解決も同じ方角にあるはずです。どのようにすることが自分を愛することなのか、人は自分では分かりません。わかっておられるのは神様だけで、そのことを伝えるために旧新約聖書の全巻が書かれたのです。ならば、これに聞かない手はないでしょう。自分を愛するとは、自分を本当に愛してくれるのが誰かを知ること、そしてその方の教えに従うことだろうと私は思います。

「隣人を自分のように愛しなさい」（マタイによる福音書22章39節）という教えと、「わたしがあなたがたを愛したように、あなたがたも互いに愛し合いなさい」（ヨハネによる福音書13章34節）という教えは、実は二つで一つなのです。イエスさまのお手本が、二つの金言をしっかりつないでいます。

感謝の力

精神科医としての仕事の中で、気づいたことをお話ししてみましょう。

メディアでもさまざまな形で伝えられる通り、世の中では精神の変調を訴える人々が増え続けています。こうした精神疾患を指して「心の病」と呼ぶ人も多いのですが、この言葉が適切かどうか。統合失調症や双極性障害、パニック障害などの代表的な精神疾患は、心の病というよりも脳の働きの不具合と言った方が、ずっと実情に合っています。

「そもそも『心が病んでる』というのは精神疾患のことではなくて、お年寄りが目の前に立っていても知らん顔してスマホをいじってる人のことじゃないですか?」と、ある若い人が言いました。けだし名言。

脳の働きの不具合ならば、それに効く薬もいろいろあるわけで、体の病気と同じく薬を適切に使うことによって治療が進んでいきます。

いっぽう、脳の不具合だけで単純に説明することのできない精神疾患もたくさんあります。適応障害はその代表的な例で、環境の変化から来るさまざまなストレスをうまく処理できず、生活に支障をきたすものです。この場合も症状を抑えるために薬を使いますが、薬だけでは良くなりません。周りの協力を得て環境を調整し、自分でも努力して、ストレスフルな状況を克服していかなければなりません。

精神疾患と一口に言いますが、その実態はさまざまなのです。

精神科では医者のできることは限られており、患者さん自身に備わった健康な力が本当の主役です。この力がゆっくりと発揮され、自分自身をしだいに癒《いや》していく様子を、毎日のように目の当たりにします。

そうした力をよりよく発揮させる条件は何だろうか、患者さんがすんなり良くなるか、それとも治りしぶって長びくか、それを分けるものは何なのだろうと考えながら、長年仕事をしてきました。そしてつい最近、単純だけれども大事なことに気づきました。

その大事なこととは「感謝」です。感謝することのできる人は、感謝できない人と比べてはっきり治りが良いのです。

患者さんの中には、ときどき「感謝の達人」と呼びたいような人がいます。周囲の心遣いを素直に喜び、かすかな回復の萌《きざ》しをたいせつに見つめ、限られた時間のわずかな会話を丁寧に味わって、心のこもった「ありがとう」とともに帰っていきます。

その正反対の人も少なくありません。言葉の裏を読むため配慮を素直に受けとることができず、よい萌しを指摘されても見ようとはせず、割り当てられた時間の短さをこぼしながら不平まじりに帰っていきます。それ自体が病気の症状という場合もあるのですが、同じ病気の苦しさの中でも、感謝の度合いは人ごとにかなり違っています。

どちらの治りが良いかは、言うまでもありません。それはそのはずで、感謝によって心を開く人は、与えられる援助を余さず受けとって飲み干し、十二分に味わうことができますが、感謝より不満が先立つ人は、せっかく受けとったものの価値を自分で切り下げ、受けとるそばからこぼしてしまうのです。「現に手の中にあるものの価値を知る人こそ、幸せに最も近い」、スペインのことわざです。

私たちは感謝ということを礼儀や道徳の文脈でばかり考え、それが現実の力であることを忘れていないでしょうか。子どもが感謝の心を身につけて育つなら、礼儀正しさを褒《ほ》められるばかりでなく、苦難にあってもたやすく折れず、折れても立ち直るしなやかな強さを養うことができるでしょう。
では、どうしたら感謝の心を身につけることができるでしょうか。答えは簡単ではありませんが、お手本ならすぐ手の届くところにあります。クリスマスの季節に毎年読まれるマリアの賛歌は、感謝の力の何よりのお手本です。

わたしの魂は主をあがめ、
わたしの霊は救い主である神を喜びたたえます。
身分の低い、この主のはしためにも
目を留めてくださったからです。
今から後、いつの世の人も
わたしを幸いな者と言うでしょう、
力ある方が、
わたしに偉大なことをなさいましたから。
（ルカによる福音書1章46〜49節）

第十の戒め

「感謝」の効用について、前項で考えてみました。

精神科の患者さんの中に感謝の達人と言いたいような人があり、そういう人は病気に見舞われても病気の治りが良いこと、これは人生そのものに通じることであり、感謝する心を育むことが幸せに至る王道であること、従って感謝は礼儀や道徳の基本であるばかりでなく、生きていくための現実の力でもあること、そんなことをお伝えしたつもりです。

さて、それでは「感謝」の反対は何なのでしょうか？　人の善意に触れたり、価値あるものをもらったりしても感謝できないというのですから、「恩知らず」とか「傲慢《ごうまん》」とかいった言葉が思い浮かびます。それらも正解に違いないのですが、ある心理学者は少し違った角度から考えました。「感謝」の反対は「羨望《せんぼう》」だというのです。

現に自分が与えられているものに目を留め、それをたいせつにすることが感謝だとすれば、自分がもっていないものをむやみにほしがり、それをもっている人を羨《うらや》み妬《ねた》むのが羨望というわけです。なるほど、と思いました。

もっとも、羨みや妬みがすべて悪いわけではありません。「あの人はいいな、うらやましいな」という気もちが「私もあの人みたいになりたい」「そうなれるように努力しよう」という意欲へつながっていくことも多く、そういう意味で「羨望は成長の原動力」と指摘する人もあります。

いっぽう「あの人はいいな」という同じ気もちが、「あの人ばかり幸せなのは許せない」「あの人の邪魔をしてやろう」という暗い激情に結びつくことも、私たちはよく知っています。その実例は弟殺しのカインから、ライバルの飲み物に違法薬物を混ぜて飲ませたスポーツ選手まで数えきれないほどあります。何より私たち自身が、自分の中のそういう気もちと闘いながら生きてきたのではないでしょうか。

羨み、妬みを抱かずには生きていけない人間の現実を指して、聖書は「罪」と呼ぶのです。

このところ、教会学校の子どもたちは毎週、十戒について学んでいます。十戒はモーセを通して神様から授かった基本的な戒律ですが、学ぶにあたってまず、これが人を縛るための戒律ではなく、人を生かすための智恵の結晶であることを知らねばなりません。「長く生きるため」「幸いを得、大いに増えることができるように」この掟が与えられたことを、申命記はくり返し告げています。

そのように選び抜かれた十項目の智恵の、締めくくりの第十戒に何と書かれてあるでしょうか。

「隣人の家を欲《ほっ》してはならない。隣人の妻、男女の奴隷、牛、ろばなど隣人のものを一切欲してはならない。」（出エジプト記20章17節）

「欲する」と和訳されている言葉は英訳ではcovet、「人の持ちものを強くほしがる」という意味です。「殺してはならない」とか「嘘をついてはいけない」という掟に比べ、インパクトに乏しいように以前は感じたものですが、決してそうではないことが次第に分かってきました。人を傷つけ嘘をついてでも、ほしいものを手に入れたいという貪欲が、私たちの心の底にあります。サタンは私たちのそのような心に囁《ささや》きかけるのです。

羨望が貪欲に向かうことなく、自分自身を向上させる原動力となるよう、自分を見つめ子どもたちを励ましてあげたいものです。

町のネズミと町の人間

日曜日の朝、教会へ来る途中で目黒通り沿いのビルの角を曲がったら、ネズミが路傍に顔を出しました。人が住むところならネズミもいるでしょうが、朝っぱらから人目につくようでは町のネズミ失格です。未熟なのか御高齢かと眺めていたら、通りすがりの壮年男性が二人、立ち止まって言いました。

「あれ、ネズミかな、それともリスかな？」「さあ……」

これにはびっくりしました。ネズミとリスの区別がつかないようでは、おとな失格です。しかし、どこがどう失格なのでしょう？　考え込んでしまいました。

私は転勤族の子で地方の県庁所在地を転々として育ちましたので、都会と田舎と半々のような生い立ちです。中途半端な存在で、郷里の愛媛で休暇を過ごす時はいろいろ失敗もやらかしました。中でも傑作は、サンダル履《ば》きで夏の田んぼに踏み込んだことです。どうなると思いますか？

田んぼの泥はミクロン単位の微粒子からできた極上のなめらか素材です。重く柔らかくとらえどころなく、手に掬うとつやつや輝きながら指の隙間を流れ落ちていきます。そんな泥の中にうっかり踏み込めば足首までずぶずぶ沈み、足を抜くのも差すのもままなりません。二歩目で左足、三歩目で右足のサンダルを田んぼにからめとられ、苦労して取り戻した時には全身泥だらけになっていました。

これを見て田舎のいとこたちが喜んだこと！　しばらくの間、「サンダル履きで田んぼに入った都会の子」というフレーズが、親戚一同に笑いの種を提供したものでした。

振り返ってみると、私の幼年期は「都会の子の田舎発見」と「田舎の子の都会発見」の往復だったように思います。今にしてそれがひどく貴いものに思われるのは、今では日本中が「田舎を知らない都会の子」ばかりになっているからかもしれません。それは私たちの中のたいせつな可能性を、開花させないまま枯れ凋《しぼ》ませてしまう危険があります。

リスカ（リストカット）と呼ばれる行動が、精神科の外来でしばしば見られます。手首の血管を深く傷つければ命に関わりますが、リスカはもっと浅い傷をむやみにたくさん皮膚につけるものです。生きるのをやめてしまおうと決意して行うのではなく、むしろストレスをぶつけたり、生きている実感を確かめたりするために行う若者が多いのです。

わざわざ自分に痛みを与えることが、なぜそういう目的に適《かな》うのだろうか、思い巡らす中でふと考えました。リスカをくり返す若い人たちには、私たちが本来必要とする健康な痛みが不足しているのではないでしょうか。そしてそれは、私たちが自然と触れ合う生活から遠ざかってしまった結果ではないでしょうか。大のおとながネズミとリスの区別もつかないこと、根はつながっているのではないかと思います。

試してみればすぐ分かりますが、自然の中で暮らしていると実に多くの痛みを経験するものです。枝がはねて顔に当たり、石に蹴《け》つまずき、虫に刺され、草のとげに手足を引っかかれ、それこそきりがありません。愉快なものではありませんが、自然と触れ合う充実感に紛れている限り気にもならないものです。一日の終わりにあらためて振り返ると、体のあちこちに残る痛みの記憶が今日も確かに生きたことを証ししてくれるようにさえ感じられます。「痛快」という不思議な言葉は、こうした「痛み」の逆説的な手応えを見事に表すものでしょう。そして気がつけば、都会の生活にはこうした痛快さが決定的に欠けてしまっています。

長い歴史の中でつい最近まで、自然が与える痛みの手応えを味わいながら生きるのが、人生の標準形でした。人の体は、一定量の痛みを日々経験する想定のもとにつくられています。過剰に管理され保護された都市環境の中で、小気味よい痛快さを味わうことなく過ごす生活は、安全ではあっても落ち着けるものではないのかもしれません。自然との接続を奪われた人の体が悲鳴をあげている、その一つの表れがリスカという行動ではないか、そのように私には思われます。

「空の鳥、野の花を見なさい」とイエス様はおっしゃいました（マタイによる福音書6章26節、28節）。そのことの意味を、こんな角度から考えてみることもできるのではないでしょうか。

自然の中の人間

何度か自己愛の話を続けた後で、前回は「自然」の話に移りました。唐突なようですが、ちゃんと話はつながっています。自然の大きさ素晴らしさにふれ、自分がどんなに小さいものかを悟ることは、自己愛を乗り越えていくうえで確かな導きになるからです。子育ての中で自然との関わりが強調されることには、そういう意味もあるのでしょう。誰しも振り返ってみて思い当たることがあるはずです。だから皆さんも、子どもたちと一緒に、大いに自然を楽しまれたらよいのです。

ただ、自然が与えてくれるのは楽しさや明るさばかりではありません。中学校1年生の夏の行事として、山形・福島県境の吾妻山《あづまやま》に登ったことがありました。楽しく始まった登山でしたが、怪しげな雲行きから次第に激しい雨になり、ついにはどこをどう歩いているかも分からない状態になりました。身軽な中学生たちもひっきりなしに足をとられ滑ったり転んだりで、みな全身泥だらけです。引率の先生や同級生たちと一緒なので心配せずにいたところ、突然むこうの尾根の上を目もくらむような稲妻が走ったのです。生まれて初めて見た、空を水平にひき裂く稲妻に続いて、山全体を揺るがす雷鳴が轟《とどろ》き、女子生徒の悲鳴があがりました。その後はずっと生きた心地がなく、麓の温泉宿に無事たどり着いた時は、本当にホッとしました。

雷についての思い出が多いのは、「雷雨の午後」に記したように小学校低学年を群馬県で過ごしたことも一因かもしれません。大学生になって沖縄へ遊びに行った時には、珊瑚《さんご》の浅海の美しさにつられて岸からずいぶん離れたところで空がピカッと光り、水中眼鏡《メガネ》の金具に落雷したらどうしようと震え上がって、死にものぐるいで戻ってきたことがありました。頭の中では、小1の時に窓から見えるガスタンクの避雷針に雷が落ち、目の中まで青い火花が散った風景がまざまざと再生されていました。雷の語源は「神鳴り」だそうで、古代人がそのように信じたのも無理はないと思います。自然の力のすさまじさは真に人智を超えたものです。

ただ聖書が証しする神様は、そうした強大な自然現象そのものの化身ではありません。風の中にも、地震の中にも、火の中にも主はおられず、ただ「火の後に、静かにささやく声が聞こえた」と聖書は告げます（列王記上19章12節）。このように自然現象の背後から語りかけてくる言葉が神であり、その言葉がすべてのものを無からつくり出したのです。かすかな声を聞きとる耳こそたいせつなのですが、風や火や地震といった荒ぶる自然の力に触れて、神のささやきを聞きとる聴力がとぎすまされていくという不思議があります。

自然現象そのものに善悪はなく、恵みの源にもなれば災いの原因にもなります。時にはその力の大きさと容赦のなさによって私たちの思いあがりを打ち砕き、人生について深く考えさせることもあるでしょう。

つい先日のこと、息子が親しくしていた友人が、山で亡くなるということがありました。来春からの就職が決まっていた23歳の若者で、北アルプスへ単独で出かけて滑落事故にあったのです。本人の無念を思い御家族の悲しみを思うと、言葉もありません。自身も山好きの息子は、寒さの中を弔問《ちょうもん》に出かけていきました。

山もまた自然の気高さと猛威の象徴であり、山国に住む日本人は古くから山岳を信仰の対象にしてきました。聖書はさらに一歩を進め、山々を創造した神を見上げて救いを求めるのです。

「目を上げて、わたしは山々を仰ぐ。
わたしの助けはどこから来るのか。
わたしの助けは来る
天地を造られた主のもとから。」
（詩編121編1～2節）

大空の光る物

自然の話を続けましょう。

旧約聖書にヨブ記という書物があります。ヨブは正しい人であったのに（あるいはあまりにも正しい人であったために）、悪魔のすさまじい試練にさらされます。苦難と葛藤の末ついに神様が御自身でヨブに語りかけ、救いの言葉を告げてくださるのですが、そこで神様はヨブに自然の素晴らしさをたっぷり語られることから始められました。

すばるやオリオン、銀河や北斗など壮大な天界から説き起こして生き物の世界に移り、「岩場の山羊《やぎ》が子を産む時を知っているか」「馬をいなごのように跳ねさせることができるか」と、たたみかけるように神様は問われます。御自身が創造された宇宙や生き物を誇らしく語られるのが、微笑ましくさえ感じられる生き生きしたくだりです（ヨブ記38〜39章）。

山羊や馬のことは詳しく知りませんが、そのミクロ版のような光景を田舎の庭で目撃したことがあります。夏の午後、急な夕立を避けてヤマモモの木陰に雨宿りしていると、突然けたたましい勢いでセミが鳴き出しました。ミーンミーンという落ち着いた声ではなく、取り乱したすさまじい騒ぎ方です。頭上を見上げて驚きました。一匹のカマキリがセミを捕らえ、横抱きに抱えているのです。セミは必死でもがくのですが、薄緑色のカマキリの両腕は細いけれどびくともしません。やがてカマキリの逆三角形の頭が、せわしなく動きはじめました。

「カマキリがセミを狩るのを、私は見ました。」

ヨブ記を読む時、私はそんなふうにつぶやきたくなります。

ヨブ記のテーマは正しい人の苦難と救いであるのに、まず創造のわざから説き起こされるのには意味があります。聖書が証しする神様は、私たちの救い主であると同時に天地万物の造り主でもあります。天地を創造した力ある神様だからこそ、私たちを救うこともできるのです。科学が飛躍的に発展した21世紀において、このことにはなおさらたいせつな意味があります。人はどれほどのものか、命の与え手は誰なのかという大きな問いの答えが、そこにあるからです。

自然の摂理について、もっと身近なことに触れておきましょう。皆さんは、夜は何時頃に休み、朝は何時頃に起きるでしょうか。早寝派から夜ふかし派までさまざまでしょうが、日が暮れたら休み、日が昇ったら起きるという人は今どきいないだろうと思います。冬などは日の入りが早いので、外が暗くなったら休むというのでは夕食もとることができません。人工照明が発明されたおかげで日没後も活動できるようになり、人間の暮らしはとても豊かになりました。

けれども、豊かなことや便利なことには必ず負の面があります（「必ず」です）。人類は誕生してからつい最近まで、明るいうちは活動し暗くなったら休むというリズムを頑《かたく》なに守ってきました。火を使うようになってからは焚《た》き火やロウソクがあったものの、日光とは比べものになりませんから夜の活動は限られたものです。その結果、人間の体や生理現象は昼夜の交代にマッチしたリズムを自然に備えることになりました。

そのリズムを根底から揺るがしたのが、百数十年前に始まった人工照明の発達です。「明るい夜」の発明は、人の体に織り込まれた昼夜のリズムを大きく攪乱《かくらん》することになりました。これまではそのことのプラスの面が注目されてきましたが、脳科学や睡眠科学が発達するにつれ、さまざまな危険が指摘されはじめています。各種の睡眠障害をはじめ、成人のうつ病や各種の心身症などは昼夜のリズムの乱れとの関係が疑われますし、疲労回復への悪影響も見逃せません。ここ10年あまりで日本人の平均睡眠時間は1時間ほど短くなったことが分かっており、世界的に見ても心配な状態にあります。

育ち盛りの子どもへの影響はなおさら大きいでしょう。成長ホルモンは夜間の睡眠中に分《ぶん》泌《ぴつ》されるため、睡眠不足が成長に悪影響を与えることは以前から知られていました。これはほんの一例に過ぎず、幼い時から昼夜のリズムを身につけることの重要性は今後ますます強調されることになるはずです。

日の入り・日の出にぴったり合わせて寝起きすることはできないまでも、太陽を意識しながら一日のリズムを守るよう心がけるのは、今も変わらぬ健康の秘訣に違いありません。

「天の大空に光る物があって、昼と夜を分け、季節のしるし、日や年のしるしとなれ。天の大空に光る物があって、地を照らせ。」

創世記1章14節、第四の日の神様の言葉です。

秋の便り——障害や病気から見えること

共感力を育むもの

医学・生物学の世界では、遺伝子に注目した研究が盛んに行われています。ヒトの遺伝子全体の構造を解明しようとするヒトゲノム計画が進行し、その成果を生かしてさまざまな病気の原因を探索するばかりでなく、人間の行動や判断のメカニズムまでも遺伝子の中に読みとろうとするかのようです。

つい最近、「人間の共感能力もある程度まで遺伝子で決まる」という記事をインターネット上で見かけました。よく読めばさほど目新しい内容ではありませんし、ヒトの能力が遺伝と環境で決定されるのはあたりまえのことです。しかし、こうした情報が「人はしょせん生まれつきで決まっており、それを動かすことはできない」という諦めや、学習・教育への懐疑を助長するとしたら問題です。

子どもであれおとなであれ、できないことではなく、できることに注目してこそ、成長への扉が開かれるのですから。

柿ノ木坂教会の発行する教会報に、Ｋさんという女性が忘れられない思い出を書いておられます。Ｋさんが３歳の時に生まれてきた妹さんは、重い心臓病をもっていました。当時の医学では助けるすべがなく、ガラス張りの集中治療室の保育器の中でやせ細っていく赤ちゃんの姿が、幼いＫさんの心を暗く圧倒していました。

この間、Ｋさんのお母様も病気で深刻な状態にあったのですが、無事に一命をとりとめて数ヶ月ぶりに赤ちゃんと再会しました。その時、お母様は赤ちゃんの姿を見て「痛かったでしょうに」と感じたというのです。この言葉がＫさんに衝撃を与えました。

「痛みの声すら聞こえない、あの壮絶な光景だけが残っていた私」とは対照的に、「新生児が負っていたであろうその痛みを感じ取っていた母」の姿にＫさんは強い印象を受けたのでした。

母親ならではの深い憐れみと痛みがここにあります。同時にお母様はこのことを通して、人の痛みを思いやるとはどういうことかを、Ｋさんに伝えているでしょう。伝えようとして伝えたのではありません。お母様が思わず口になさった一言が、思いがけず貴い教えをＫさんに残しました。

「痛かったでしょうに」という言葉をめぐって、後年のKさんはさらに思いがけない感動的な経験をなさるのですが、詳しく紹介するには紙幅が足りません。ここでは、私たちの共感共苦の能力が、痛みを伴う経験によってこそ養われることを知っておきたいのです。

Kさんが憐れみ深い人に育ったとしたら、それはKさんに備わっている共感の遺伝子が自動的に働いたからではありません。Kさんのお母様が、人の痛みを憐れむお手本を示してくださったからです。学習や教育の原点はここにあると私は思います。

人は遺伝的な条件による限界を超えることはできません。しかし遺伝的に約束された可能性をどこまで実現できるかは、学習や経験によって決まることです。そして私たちの中には、私たち自身が思っているよりもはるかに大きな可能性が、神様の手によって詰めこまれています。

とりわけ可能性のパッケージである子どもたちに、その共感の遺伝子を最大限に開花させてほしい、教会学校でとりわけ強く願うことです。

遺伝病のこと

遺伝子の異常が原因となって起きる、遺伝病という病気があります。親から子へさまざまな形式で伝わりますが、ほとんどの遺伝病は劣性（潜性）遺伝という遺伝形式をとります。劣性（潜性）遺伝の場合、病気の遺伝子が一個あるだけでは病気は起きません。お父さんとお母さんの双方から病気の遺伝子を受け取って、初めて発病するのです。

単純な例で考えてみましょう。例えば、ある病気の遺伝子をもつ人（保因者）が人口の1000人に1人の割合で存在する場合、実際にその病気にかかる人は1000分の1×1000分の1、つまり100万人に1人という計算になります。保因者のうち実際に発病するのは1000人にひとりだけ、あるいは逆に、実際に発病する患者さんひとりについて保因者は1000人いると考えてもかまいません。

もちろん「1000人に1人」は仮の数字で、病気によって違いますし、もっと複雑な条件もいろいろと関わってきます。しかし遺伝病の場合、実際に病気になる人の背後に何百倍もの保因者がいるという事実は、間違いのないことです。

さて、劣性（潜性）遺伝病は現在分かっているだけで約７００種類あると言われています。そのそれぞれについて患者数の数百倍の保因者がいるとすると、いったいどういうことになるのでしょうか？　計算すれば分かる通り、保因者の延べ人数は日本の総人口をはるかに超える数字になってしまいます。このことは、実際には誰でも遺伝病の遺伝子をいくつかはもっていること、つまり私たち全員がいくつかの病気の保因者であることを意味しています。私たちが保因者でありながら発病せず、私たちの子どもが保因者の子でありながら発病しないのは、偶然の結果でしかありません。私たちの健康は、根本のところでこうした偶然に支えられているのです。

優生保護法という法律が、つい20年ほど前までありました。「優生上の見地から不良な子孫の出生を防止する」ことを目的の一つに掲げ、そのために不妊手術を行うことを認めていました。この法律に基づいて手術を強制されたり、ハンセン病など遺伝とは無関係の病気を理由に手術されたり、理不尽で非人道的なできごとが多々あったことが、最近ニュースになりました。日本人として忘れてはならない、私たちの歴史の影の部分です。

理不尽さとあわせて確認しておきたいのは、優生保護法の考え方が基本的に無意味であること、つまりそういうやり方で「不良な子孫の出生を予防する」のは不可能だということです。理由はもうお分かりでしょう。私たち全員が何かしら病因となり得る遺伝子をもっているのですから、もしもそれらをすべて取り除こうとするなら、誰も子孫を残せず人類そのものが絶滅してしまいます。

このように実際には私たち皆がリスクを負っています。たまたま遺伝病という形でリスクが顕在化した人々は、保因者の代表として皆の代わりに重荷を負ってくれた人々とも言えるでしょう。この人々にどのような態度をとるべきか、自《おの》ずから明らかではないでしょうか。

色覚異常についてのウェブサイト上に、こんな記載がありました。色覚異常に限らず、多くのことのヒントになるように思われます。

「このように、色覚異常は母親を中継して表にでてきます。しかし、ここで一番大切なことは、お母さんが負い目や責任を感じすぎないことです。先祖からの体質を受け継いだことは仕方のないことです。女性の10人に1人は色覚異常の保因者です。

お母さんが色覚異常をどのように受け入れ、どのように思っているかを、お子さんは直感的に感じ取ってしまいます。お母さんが『かわいそうだ』と思えば、お子さんも『自分はかわいそうな子だ』と思ってしまいます。色覚異常も人の持つ多くの能力のうちの1つだと割り切って、その子の個性として尊重して接することがたいせつです。鉄棒の逆上がりができない子は本を読むことが得意だったり、暗算が不得意な子は電卓を上手に使うかも知れません。生まれながらに視力の悪い人には、聴覚や触覚が研ぎ澄まされている人の多いことも事実です。」

「社会に望まれることは、色覚異常の人がいることを前提とした環境を作ることです。その人たちが色混同や色誤認をおこしにくく、色覚正常な人にも色覚異常の人にも心地よいと感じられるようなユニバーサルデザイン化を推進していくことが大切です。」

（安間哲史文、公益社団法人 日本眼科医会ＨＰ「色覚異常といわれたら」6、7より

http://www.gankaikai.or.jp/health/50/）

「つくる」ことと「さずかる」こと

ある日の保護者科で、「子どもが生まれたときの思い出」について語り合いました。家族ぐるみの立ち会いや海外での出産など、それぞれの体験が生き生き紹介され、とても楽しい一時でした。中でもお母さんたちが異口同音に「感謝」を口にしたことが印象的です。「産声の奇跡」の中で「すべての誕生が奇跡」であると書きました。赤ちゃんと共に身をもって奇跡を体験したお母さんたちには、ごく自然に感謝の気もちが湧いてくるのでしょう。こうした自然な感謝の気もちは、信仰者が神様に対して抱く感謝の念と似たものではないかと思います。今ここに私が存在しているという奇跡、私という存在を支えてくださる方への感謝です。

保護者科の最後に新聞記事のコピーを配りました。そこに紹介されている堀江菜穂子さんは出産時のトラブルで重い障害が生じ、生まれてから20年あまり寝たきりの生活をおくっています。けれども彼女には「ことばもいしもある」ことを、菜穂子さんの詩集『さくらのこえ』（NPO法人 関東SLA協会）や『いきていてこそ』（サンマーク出版）は雄弁に証明しています。菜穂子さんをずっと支えてきたお父さんが私の高校時代の同級生・堀江君であることを、卒業40周年のクラス会で知りました。

さて、この記事を配ったのは「子どもの誕生」をめぐってご一緒に考えてみたかったからです。ある種の病気や染色体異常についての「出生前診断」が話題になっていることを、皆さんもご存じでしょう。その本来の目的は、生まれてくる子どもに障害が予想される場合、あらかじめ物心両面の準備を整え治療や対応をすみやかに始めることにあります。けれども現実には、「障害があるなら中絶する」というケースが増えることが懸念されています。皆さんならどう考えるでしょうか？

このことを突き詰めていくと、「子どもはつくるものか、さずかるものか」という問題にたどり着きます。「つくる」ものなら、つくることを「やめる」という選択肢もありうるでしょう。しかし「さずかる」ものだとしたら、「子どもに不具合があるから中絶する」という判断は、ありえないのではないでしょうか。これは現代社会に投げ込まれた鋭い剣です。「つくる」型の生命観と、「さずかる」型の生命観、どちらが優勢になるかで社会と文明の進路が分かれるといっても過言ではないでしょう。そして聖書と教会は、一貫して「さずかる」型の生命観を発信し続けてきました。

そのことは知っているつもりの私でしたが、実は苦い思い出があります。長男が生まれる直前に、何げない会話の中でふと「五体満足でさえあれば」と口にしたのです。会話の相手は教会の若い姉妹でしたが、黙って私を見つめました。その視線が「五体満足でなかったら、赤ちゃんの誕生を喜ばないの？　感謝しないの？」と問いかけていました。みごとに一本とられました。健やかであれ、障害をもってであれ、あるがままの子どもを無条件に抱きしめるのが親心のはず。誕生そのものが奇跡なのですから。

堀江菜穂子さんの場合は出生前診断が可能な先天性疾患ではありませんが、さずかった運命の厳しさは同様です。それをまるごと受け入れ、喜びと感謝をもって共に生きる御家族の姿は、大きな励ましとヒントを与えてくれています。

（『さくらのこえ』はhttps://kanto-sla.com/sakuranokoe/を、『いきていてこそ』はhttps://facebook.com/ikiteitekoso/を参照してください。『致知』誌〔致知出版社〕２０２０年１月号のインタビュー記事も参照。https://www.chichi.co.jp/info/chichi/pickup_article/2019/202001_horie/）

ダウン症のこと

出生前診断が投げかける問題について、もう少し考えてみましょう。

人工流産（いわゆる妊娠中絶）については、時にはどうしてもそれを選択しなければならないこともあります。妊娠を続けると母親の命が危ない場合や、胎児に重い障害があって出産後に生きられないと確実に分かっている場合などは、その例です。

前回の内容は、そうしたやむを得ないケースを裁く趣旨で書いたのではありません。逆にそういうケースがあることを考えればなおのこと、軽々しく命の選別などできはしないと言いたいのです。

人工流産にあたっては、母親をはじめとする家族の心の痛みはもとより、医師や看護師など医療関係者も深く傷つくことが珍しくありません。理由はどうあれ命を奪う作業に手を貸したことを、長い年月の後にもつらく思い出す人々を、私は何人か知っています。

そもそも貧しい昔には、飢饉《ききん》の時などに水子流しや間引きの形で小さな命が絶たれることも、ままありました。今でもそれを余儀なくされている地域が世界にはあります。そうした恐れなしに子どもの誕生を迎えられる私たちの境遇は、決してあたりまえのものではありません。この大きな幸せを心から感謝するなら、命の選別という発想には到底結びつかないはずだと思います。

もう一つ、別の角度から考えてみましょう。皆さんはダウン症という病気を知っていますか？　人間の染色体23対のうち21番目のものが、2本ではなく3本あるというものです。このために遺伝情報が混乱を起こし、低身長・心臓の形成異常・知的障害などさまざまな不具合を生じてしまいます。

こんな説明をするよりも、町中でときどき見かける小太りで目の細い、ちょっとユーモラスな感じのするあの人たち、と言った方が分かりやすいでしょう。実際、ダウン症の人たちは性格に共通の傾向があり、おしなべて温和で協調的で、そして不思議に音楽好きなのです。

そんな人たちですから、ダウン症児のグループを引率してテーマパークに出かけたりするのは、いたって手間のかからない愉快な道中です。同じ人数の健常児を引率する方が、よっぽど大変で骨が折れるでしょう。

さて、考えてみたいのはここのところです。出生前診断が普及するにつれ、ひょっとしたら今後はダウン症児が生まれてこなくなるかもしれません。それで良いのでしょうか？町中にダウン症の人々が存在しない未来と、皆が理解をもってダウン症の人々と共存している未来（その中には私たち自身の子どもの姿もあるかもしれません）、神様が祝福し私たちが望むのは、いったいどちらの社会でしょう？

知能は何のために与えられているか?

突然ですが、知能は何のためにあると思いますか? 知能が高いと、どんな良いことがあるのでしょう?

Aさんの答え。「知能が高ければ、良い学校に進んで良い職業に就くチャンスが増え、この世で成功を収めることができる。」

Bさんの答え。「知能が高ければ、それを使って人助けをしたり、価値ある発見・発明をしたりして、社会に貢献することができる。」

正反対の主張ですがそれぞれ説得力があり、どちらも正しいというほかなさそうです。そもそも両者の間には共通の前提があり、「問題を解決したり、より良いやり方を考案したりするためのツールが知能である」と考えている点は、AさんもBさんも同じです。そのツールをもっぱら利己的に使うか、皆のために使うかで人生は全く別のものになるでしょうが、今はそのことがテーマではありません。

知能には、これと全く違った働きがあるということを言いたいのです。

駆け出しの頃に勤めた病院には、統合失調症や双極性障害などの患者さんに混じって、知的障害の若者たちの姿がちらほら見られました。

これは少々おかしなことに思われます。知能が水準に満たないことは、教育上の問題ではあっても、医療上の問題ではありません。知能の問題の背景に脳の病気などがある場合、その病気の治療のために入院することはあるでしょうが、知能の問題自体は入院の理由にならないはずです。

そう考えて初めはとまどいましたが、やがて事情が分かってきました。この人々の多くは、家庭や施設で暮らす中で、ひどく怒りっぽくなって家族に手をあげたり、泣き叫んで収拾がつかなくなったり、何かしら感情のコントロールができなくなったために入院が必要となったのです。

中には、ちょっと話しただけでは知的な問題があるように見えない人もいました。「そういう人のほうが、得てして難しいのだ」と先輩が教えてくれました。一見してわかる重い人の場合は、周囲も初めからそれなりの配慮をします。ところが軽い人の場合、周囲はその人に通常の能力があるものと思い込んで、こみ入った話をしたり役目を任せたりします。期待通りの反応が返ってこないと、文句を言ったりもするでしょう。

そうしたことが負担になって本人が追い詰められていくのですが、自分が追い詰められていることを訴えるにも知能が必要ですから、うまく訴えることができずにますます不安が募っていきます。やがて限界を超え、爆発してしまうのです。

そうした患者さんを何人か担当して、つくづく悟りました。外部の問題を解決するばかりが、知能の役割ではありません。それに劣らずたいせつな知能の役割は、自分自身の感情の面倒をみることです。自分の中にある怒りや悲しみを宥《なだ》め、その原因を探して対策を考え、手に余る時は周囲に助けを求めながら、自分自身と折り合っていく、自分の内部を正しく治めるためにこそ、知能が与えられているのです。

その大事な能力が十分に与えられていない人々の悲しさを、くり返し見てきました。翻《ひるがえ》って自分は自分の知能を正しく使えているだろうか、考えるたびに恥ずかしくなります。

「怒りをおそくする者は勇士にまさり、自分の心を治める者は城を攻め取る者にまさる。」

（箴言16章32節、口語訳）

怒るなというのではありません、怒りを遅くせよというのです。それなら努力次第でできることでしょう。お子さんたちにそれができた時は、テストの成績が良かった時以上に褒《ほ》めてあげてください。

それこそが、知的な成長の何よりの証しであり、知能を正しく使いこなしている証拠なのですから。

何のためのIQか?

知的障害は、昔は「知恵遅れ」などとも呼ばれました。そのように、知能が十分に発達していない状態を指すものですが、そもそもどのように診断されるのでしょうか?

詳しく言えば、知的障害は知的機能と適応機能の両面から判断するのですが、ここでは話を簡単にするために知的機能に限って考えることにしましょう。知的機能を評価するには、皆さんもご存じの知能テストと呼ばれる検査を物差しとして使います。この物差しで子どもの知能を測定し、平均よりも著しく低い場合に「知的障害」と診断するのです。実際にはIQ（知能指数）が70以下の場合に、知的障害と判定することが多いようです。

実際に知的障害が起きる原因としては、先天的な病気や出産時の事故、乳幼児期の病気や事故などさまざまなものが挙げられます。アメリカでは妊娠中の母親の大量飲酒による胎児アルコール症候群が知的障害の原因として指摘され、社会的な問題になっています。

こうした病気や事故を防ぐのはもとよりたいせつなことです。しかし、仮にそれらをすべて未然に防ぐことができたとしたら、知的障害に悩む子どもをなくすことができるでしょうか？　答えはＮＯ《ノー》です。その理由は、先に述べた知的障害の診断手続きの中にあります。

ＩＱの求め方にはいくつかの方式がありますが、主に用いられているのは「同一年齢集団内での相対的な位置」を基準とするもの、つまり相対評価です。どう測るにしても知能にはバラツキがあり、ＩＱの低い人から高い人まで人数をグラフに描いたとすると、中央あたりがいちばん高い山型の分布（正規分布）になるでしょう。この中央のＩＱを１００と考え、低い側に大きく外れる場合に知的障害と判定するわけです。逆に言えば、現在使われている代表的な知能テストは、物差しの１００という目盛りがＩＱの分布の中央に来るように、あらかじめ調整されているのです。

知能というものをこのように定義する限り、知的障害が決してなくならないことは明らかでしょう。皆でマラソンを走れば必ず誰かが最下位になるのと同じで、山型の分布の左端よりに位置する何パーセントかの子どもたちは、必然的に「知的障害」と呼ばれることになります。病気や事故をゼロにできたとしても、この種のバラツキによる相対的な知能の低さはなくすことができません。どんなに医療が進歩しても、人が人である限り解決できない問題です。

それならいっそのこと、ＩＱによる知能の評価など止めてしまったらどうでしょう？　ことさら評価しようとするから、かえって「障害」が浮き彫りになるのではないでしょうか？

私自身、ときどきそんなふうに考えたくなります。しかし、それでは解決にならないのです。世の中のシステムは暗黙のうちに平均的な知能の人を想定し、その人々に便利なように設計されています。知能が低いために標準システムについていけない人々がいるとしたら、この人たちが不自由なく生きていけるよう、配慮しなければなりません。誰が配慮を必要としているか、どんな配慮が必要なのか、それを知るためにはやっぱり知能の評価が必要です。そうした目的のためにこそ、ＩＱは有効に用いるべきでしょう。

人間という種は、生きていくために配慮が必要な一群の人々を、集団の中に必ず含んでいます。配慮することを通して皆が成長することを、造り主である神様は願っておられるに違いありません。そして今は健やかな者も、いずれは自分自身が配慮を必要とする日を迎えます。

聖書にはこんな辛辣《しんらつ》な言葉もあるのです。

「弱い人の叫びに耳を閉ざす者は　自分が呼び求める時が来ても答えは得られない。」（箴言21章13節）

ゲーム依存とスマホの心配

「子どものゲーム依存をどう防ぐか」

先日ある教会の牧師さんから、このテーマで講演してほしいと依頼を受けました。

ゲーム依存は大きな社会問題となりつつありますが、そういう病名が存在するわけではありませんし、私自身もゲーム依存を治療した経験などありません。教会幼稚園の園児たちにゲーム依存が流行しているわけでもないでしょうが、牧師さんは真剣そのものです。

仕方なく、「専門ではないけれど勉強と思ってやってみます」などと言いながら引き受けたところ、講演の数日前に新聞をみて驚きました。

「ゲーム依存は精神疾患――WHOが認定」（朝日新聞2018年6月19日朝刊1面）

とあるではありませんか。

国際連合の専門機関であるWHO（世界保健機関）が作成し、世界中で使われているIC

D（国際疾患分類）というマニュアルの改訂にあたって、ゲーム依存症にあたる「ゲーム障害」が新たに認められることになったのです。つまり「病気」として公に認知されたわけです。

ゲーム依存は日本など限られた地域の問題かと思っていましたが、ＩＣＤがとりあげたということは既に全世界的な問題である証拠です。恐ろしい時代になったもので、これではもう「専門外」と逃げるわけにはいきません。牧師さんの着眼の鋭さに感心しながら、手もちの知識を総動員して話を組み立てました。

そもそも依存症とは何なのでしょう？　ただ「好き」というのと、依存しているのとは、どう違うのでしょうか？

最大の違いは、本人がそのことを主体的にコントロールできるかどうか、というところにあります。ほどほどの時間でやめられるか、ゲームを優先して生活リズムを崩していないか、熱中するあまり他の大事なことをおろそかにしていないか、ゲーム以外のことや人が目に入らなくなっていないか等々。

何だそれだけのことか、と思われそうですが、「それだけのこと」が守れないおとなたちを、私たちは毎日目撃しています。満員電車の中で体を避けようともせず、肘が当たろうが荷物が邪魔しようがおかまいなし、杖をついた人が前に立っても目にも入れずゲームのキーを叩き続け、駅に着けば画面を見たまま顔もあげずに降りていく、そんな姿は珍しくありません。

同じく怖いと感じるのは、一部の赤ちゃん連れのお母さんです。抱っこされた赤ちゃんがつぶらな瞳でお母さんを見つめているのに、お母さんの視線は赤ちゃんではなくスマホに吸いついています。首が折れそうなほど赤ちゃんがそり返り、隣の人が思わず手を伸ばしそうになっても、肝心のお母さんは気がつきません。

何と危ない、そしてもったいないことでしょう。こうして失った時間は後からでは取り返しがつきません。そんなお父さんやお母さんの姿を日常的に見て育った子どもがゲームに依存しはじめた時、「やめなさい」という言葉にどんな説得力があるでしょうか。

先の新聞記事は、全国で成人４２１万人、中高生52万人にゲームやインターネット依存の疑いありとの厚労省の調査結果を紹介し、それなのに政府は対策をとっていないと批判します。

もっともな主張ですが、政府の対策を待っているわけにはいきません。インターネットにせよゲームにせよ、使うのは個人であって誰に強《し》いられるわけでもありません。そういう意味ではお酒の問題、いわゆるアルコール依存症と同じですし、お酒の問題以上に家庭のあり方と関連が深いのです。進行するのも回復するのも家庭が主な舞台ですから、家庭の中、おとなの側にしっかりした防波堤を築かなければなりません。

そのためには、子どもが中高生になってからでは遅いのです。牧師さんが憂慮したのは、実は幼稚園児ではなく園児の父母の姿でした。講演当日、食い入るように話を聞くお母さんたちの姿を見て、そのことに思いあたりました。

依存症のおそろしさ

ゲーム依存もインターネット依存も、いうまでもなく「依存症」の一種です。依存症と言えばまず連想されるのはアルコール依存症、それから薬物依存症でしょうか。いずれもおとなの問題ですし薬物依存症は犯罪に関わることも多く、子どものゲーム依存やインターネット依存とは異質なもののように思われますが、そう安心してもいられません。

依存症にはさまざまな種類があり、数え上げればきりがないほどです。けれども、何に依存するかは違っていても、依存症に陥った人々の言動やふるまい方は互いに非常によく似ているという特徴があります。どうやら依存症の患者さんの脳の中では、依存の対象にかかわらず同じようなことが起きているようなのです。

脳の中には報酬系と呼ばれる回路があり、人間の動機づけや「やる気」の形成に関わっていることがわかってきました。何かを経験して「面白い、楽しい」と感じると報酬系が活性化され、その経験をくり返すよう人を促します。人間の成長や活気の原動力である「意欲・やる気・動機づけ」といった心の働きは、報酬系と関わっているに違いありません。

その一方で、報酬系は依存症のカラクリにも関わっている可能性があります。報酬系がさまざまな刺激に対してバランスよく反応するなら良いのですが、ある特定の刺激に対してだけ極端に強く反応するとしたらどうなるでしょうか。他のことはすべてそっちのけ、寝ても覚めても特定の刺激だけを追い求めることになりかねないでしょう。動物実験では報酬系を刺激することによって、実際にそのような現象を作り出すことができます。そしてこれこそが依存症の脳の中で現実に起きていることと考えられます。

アルコール、ゲーム、ケータイ、ギャンブル、対象こそ違え、脳の中では共通の変化が起きていること、依存症の怖さがそこにあります。他愛なく見える子どものゲームのやり過ぎが、実は「依存症」という途方もない深みにつながっているかもしれないのです。

たとえばアルコール依存症。患者数は全国で80万人にのぼると推定され、予備群ともいえる多量飲酒者は８００万人を超えるとも言われます（厚生労働省ＨＰ https://www.mhlw.go.jp/kokoro/disease_detail/1_01_02alchol.html 参照）。その背景には、日本の社会が世界的に見ても飲酒に甘いという事実があります。お祝い事や懇親の席にお酒は欠かすことができず、「百薬の長」と呼ばれて推奨すらされますが、その危険については十分に周知されていません。

過量飲酒が身体や精神に害を及ぼすのは常識として、アルコール依存症がとりわけ人間関係への強い破壊作用をもつことはご存じでしょうか。「お酒が原因で大切な人との人間関係にひびが入ったことがあるかどうか」は、アルコール依存症のチェックリストの筆頭に置かれるほどの重要なポイントです。これはアルコールに限らず、多くの依存症に共通する特徴と言えます。

特定の対象に過剰に入れ込むことは、それ自体が非生産的であるばかりでなく、現実を広く見渡して柔軟に対処することを妨げ、とりわけ人間関係において他人の立場を思いやりながら自分の責任を果たしていく姿勢を損なってしまうのです。

もう一つ、一般に飲酒を開始した年齢が低いほど、アルコール依存症がすみやかに形成されることを知っておきたいと思います。若くて柔軟な脳は、誤ったパターンを学習するのも速いのです。

ずっと昔、お酒が一部の人にしか飲めない貴重品であった時代には、アルコール依存症も限られた人々の贅沢病《ぜいたくびょう》でした。お酒が誰でも手に入れられる安価な嗜好品になった時、多くの人々の不幸が始まったのです。お酒ばかりでなく、報酬系を刺激する安くて便利な商品やイベントが世の中に満ち、毎日新たに作り出されていること、それが現代という時代の難しさでしょう。

カナンの約束の地に入ったイスラエルの民の困難は、とりもなおさず現代の私たちの困難でもあります。

「偶像を拝んではならない」という十戒の第二の戒めは、そのような私たちに向けられた恵みの指針ではないでしょうか。

第二の戒めの意味と力

十戒の第二の戒めについて、聖書にこんなふうに書かれています。

「あなたはいかなる像も造ってはならない。上は天にあり、下は地にあり、また地の下の水の中にある、いかなるものの形も造ってはならない。あなたはそれらに向かってひれ伏したり、それらに仕えたりしてはならない。」（出エジプト記20章4～5節、申命記5章8～9節）

さらに印象的なのは、これに続く以下の部分です。

「わたしは主、あなたの神。わたしは熱情の神である。わたしを否む者には、父祖の罪を子孫に三代、四代までも問うが、わたしを愛し、わたしの戒めを守る者には、幾千代にも及ぶ慈しみを与える。」（出エジプト記20章5～6節、申命記5章9～10節）

「熱情の神」という言葉は、以前は「ねたむ神」と訳されていました。前の部分と続けて読むと「偶像を刻んで拝んだりすると、神様がねたんで（＝やきもちを焼いて）あなたに罰を与える」というふうにも読めます。「聖書の神様はずいぶん嫉妬深いんだね」と友達に冷やかされたことがありましたが、ここに示される神様の熱っぽさは確かにただごとではありません。

これを最もきまじめに受け止めたのはイスラム教徒で、イスラムの寺院には絵や彫刻が全くありません。イスラムの支配地域では聖画や仏像が破壊されることがよく起きました。似たことはキリスト教の世界でも時にあったようです。

これらはいずれも第二の戒めを忠実に守ろうとした結果でしょうが、実はポイントが少しずれています。第二の戒めは「真の神様以外のものを神様としてはいけない」という第一の戒めと表裏一体で、その心をより具体的に述べたものだからです。モーセがシナイ山に登った留守に不安になったイスラエルの民は、装身具をもちよって金の子牛を作り、これを「神」として拝むということをしました。そういうことを絶対にしてはならない、何であれ神ではないものを、神として拝んだりしてはならないというのが第二の戒めの意味なのです。

金の子牛を拝むなどと聞けば私たちは「バカバカしい」と思うでしょうが、実はよく似たことをしていないでしょうか。

財産や学歴は分かりやすい例で、それらを求めること自体は間違いではないでしょうが、それらが何よりも大事であると思い込んだ時には、既に窮地に陥っています。財産や学歴という金の子牛に目がくらみ、これを自分の神として拝み崇《あが》める魂の危機です。パウロはある人々を「キリストに仕えないで、自分の腹に仕えている」と痛烈に評しました（ローマの信徒への手紙16章18節）。自分自身の欲望を最高原理として、これに従っているという意味でしょう。

依存症はまさにそのようなもので、アルコールや薬物、ゲームやインターネットなど依存の対象は、いずれもその人の「神」になっています。他の何を犠牲にしてでも依存の対象を失うまいとする姿は痛ましいばかりですが、自身にはその愚かさが見えません。そして前回も述べた通り、現代社会は私たちの愚かさを煽《あお》ることによって、見かけの繁栄を絶えず作り出しています。

そうした世相を背景に、各種の依存症は恐ろしい勢いで蔓延《まんえん》しつつあります。対策は著しく立ち遅れており、これからますます大変な時代になるでしょう。私たちの社会が依存症のために滅びるのではないかとさえ案じられます。

この時代に生まれた子どもたちにとって、第二の戒めを胸に刻んで育つことは、魂の健康を守るための大きな力になるのではないでしょうか。依存症は偶像崇拝の病、金の子牛の病です。これを防ぐには、偶像ではない本当の神様にしっかりつながれていることが何よりの薬だからです。

嫉妬深いからではありません。人間が神ならぬものに魂を奪われることを何とか防ぎたいという神様の愛ゆえの熱心が、第二の戒めに溢れています。

冬の便り——死からいのちへ

redemption

公用で海外に駐在している友人から、ある朝メールが入りました。

「redemption という言葉を辞書で引くと『贖罪《しょくざい》』という意味が出てくるが、どういうことか教えてくれないか」というのです。

日本で話題になった『想像ラジオ』（いとうせいこう著、河出書房新社）という小説をたいへん面白く読んだ、そこに紹介されているボブ・マーリーの歌がまた良い、その歌詞が「redemption」をテーマにしているのだけれど、誰かが和訳したものをインターネット上で見たら、「黒人を差別してきた白人に、罪を償《つぐな》わせろ」というようなものになっていた、「redemption」を「復讐」とか「反撃」とか訳すことはできるのだろうか、あらましそういう質問でした。

答えはもちろん「NO《ノー》」です。どこの誰だか知りませんが、ひどい誤訳をしたものです。

redemption は redeem という動詞の名詞形で、redeem とは「身代金を払って買い戻す」という意味です。イエス様が御自分の命を十字架の上で差し出し、それを身代金にして私たちを罪から買い戻してくださった、そのことを指すのです。貴い犠牲による救いを意味するのですから「復讐」どころかその反対で、復讐の連鎖を断ち切るはずのもの。YouTubeで聞く実際の歌も、贖《あがな》われて自由にされた感謝と喜びが、懐かしい素朴な声で歌われています（https://www.youtube.com/watch?v=kOFu6b3w6c0I）。

友人は腑《ふ》に落ちたようで、「我々は救われた存在、津波の犠牲者が命を賭《と》して贖ってくれた、そんなふうに『想像ラジオ』の著者は言いたかったのかなあ」と書いてきました。

苦難や不条理について考える時、決まって思い出すことがあります。医学部の最後の夏、浜松の聖霊ホスピスへ一週間の見学に行きました。ほとんどが中高年以上の入院患者の中に、ひとりだけ中学生の男の子T君がいました。骨肉腫という悪性腫瘍に見舞われ、まだ成長しきらない華奢《きゃしゃ》な体をベッドに横たえていたのです。

若い人の病気は痛ましいものです。きれいな若い肌のあちこちに、骨肉腫の転移でできたコブが盛り上がっていました。転移病巣は肺の中にもあって頻繁に呼吸困難を引き起こし、その度に医師が駆けつけて応急処置をします。つきっきりのお母さんにお父さんや高校生のお兄さんが加わり、家族が懸命に祈っていました。朦朧《もうろう》として言葉もはっきりせず、それでもT君はときどき目を開くと笑顔で皆に話しかけるのでした。

ある午後のこと病室を訪ねると、珍しく付き添いが誰もいません。T君は軽く目を閉じて眠っているように見えます。私はベッドに近づくと、独り言のように「T君のことをお祈りしているからね」とつぶやきました。次の瞬間の驚きは、生涯忘れないでしょう。眠っていると思ったT君が、たどたどしい舌で、しかしはっきり言ったのです。

「僕も、おにいさんのことをお祈りしてるよ。」

本当に、どうしてこの世に苦難があるのでしょう？　どうして私ではなく彼が病み、私たちではなく彼らが津波に飲まれたのでしょう？

私たちは答えをもっていません。ただ、私の代わりに苦難を負ってくれた人があり、苦難の中で私のために祈ってくれた人があることを、私は知っています。私たちの命がキリストに贖われたものであり、名も知らない誰かの苦難によって私たちが生かされていることを、私たちは知っています。

少年の戦い

大学入試センター試験の季節になると、いつも思い出すことがあります。以前に勤めていた大学がセンター試験の会場校にあたっており、教職員総出で試験監督にあたりました。その中で私に割り当てられたのは、障害のある受験生のための特別室対応です。障害にもいろいろあり、どんな受験生が来るのだろうと配られた書類を確かめると、「肢体不自由（筋ジストロフィー）」と書かれていました。一瞬、動揺を抑えられませんでした。

試験当日、少年はお父さんの運転する車で会場までやってきました。長身のお父さんが荷台からてきぱきと車椅子を降ろし、少年を抱きかかえてそこに移します。華奢《きゃしゃ》な体つきの少年は肩で息をしており、色白の涼しい目もとが少し赤らんで、さすがに緊張しているように見えました。

お父さんは車椅子を押して机の前に固定し、筆記用具を机の上に並べると、一声励まして部屋を出ていきました。問題用紙のページをめくることは自分でできるので大丈夫、ただ筆圧が弱いのでマークシートに転記してやってほしい、それが私たちへの依頼事項でした。

やがて試験開始の時刻になり、少年の戦いが始まりました。戦いはまずページをめくることからです。指でめくるのではありません。右手にもった、というより指の間にかろうじてはさんだ鉛筆の先を、そろそろと動かしてページの端に引っかけ、テコのように鉛筆を動かすと、薄っぺらい問題用紙のページがふわりとめくれるのです。紙のページをめくっているのではなく、力とコツの要る特別な作業を入念に行っているかのようでした。

事実それは力とコツの要る特別な作業だったに違いありません。筋ジストロフィーは全身の筋肉が萎縮していく病気です。衰えの進んだ少年の手には、一枚の薄紙すら重い板のように感じられたことでしょう。

思わず「めくりましょうか？」と声をかけると、少年は静かにきっぱりと頭を横に振りました。時間をかけて自分でページをめくり、そこに現れる物理の問題を一つ一つ解いていきます。軟らかい鉛筆を使っていても、鉛筆の重さと指の重さの圧だけで書かれる文字はとても薄く、しかもゆっくり書くことしかできません。頭の中は高速で回転しているのに、手が付いていかないのです。それでも少年は黙々と作業を続け、やがてすべての問題を解き終えました。薄墨で書かれたような答案を確認しながら、マークシートに私が転記していきました。

帰る道すがら、どうにも悲しくてしかたがありません。帰宅した私は、よほど怖い顔をしていたのでしょう、小学生の長男はてっきり自分が叱られたのだと思ってベソをかきました。それで涙の堰《せき》が切れ、その晩は私も大泣きに泣きました。

筋ジストロフィーにはいくつか種類がありますが、主要な型のものは予後がひどく悪いのです。原因はほぼ分かっているのに、根本的な治療法がまだありません。少年が志望の大学に合格できたとしても、果たして卒業するまで地上の時間が与えられたかどうか。そのことを重々承知のうえ、彼はセンター試験に臨みました。その勇気と戦いぶり、付き添ってきたお父さんの優しい笑顔を、この季節になると思わずにいられません。

こんなふうに戦う仲間があることを、全国50数万の若い受験生たちにぜひ知ってほしいと思います。

個人的なこと

身内に突然の不幸がありました。亡くなったのはまだ育ち盛りの少女でした。両親はもとより、祖父母や伯父伯母、いとこたちを襲った衝撃と悲しみはことさら書くまでもありません。

幼い時に難しい病気にかかり、幸い治療が成功して元気になったものの、病院や薬とは縁の切れることがありませんでした。不憫《ふびん》に思う気もちがあるのでしょう、両親はどうしても甘やかしがちになり、周囲はそのことを心配します。可愛いと思えばこそ伯父伯母は小言を言い、おませな少女が負けずに口答えするといった幸せな風景が、つい先日まで続いていました。いつまでも続くものだと思っていました。

歯医者に行く道すがら訃報をスマホの画面に読んだ時、月並みな表現ですけれど時間が止まったような気がしました。長い時間が経った今も、何かが止まったまま凍りついています。

広島の原爆資料館に8時15分で止まった時計が展示されていることを、ふと思い出しました。悲劇の規模は桁違いであるとしても、突然の深い悲しみには同じ色合いがあり、総じて時間を止める作用があるようです。再び時が流れ出すのは、いったいいつのことなのでしょう。

両親は熱心なカトリックで、少女も教会で可愛がられて育ちました。懐かしい教会の懐かしい会堂で、アフリカ出身の神父様の司式によって通夜と葬儀が営まれました。会堂の壁に掲げられた主の十字架の道行きの彫り物が、受難節にはひときわ浮き上がって見え、たくさんの花々と共に少女を見守っています。

遠方から駆けつけた伯父の一人が「教会のお葬式は明るくていいいな」とポツリと言いました。びっくりするような言葉ですけれど、その意味はすぐ皆に伝わりました。もちろん明るいどころではありません。幼い者を年長者たちが送る葬《とむら》いほど悲しいものはなく、突然の報《しら》せは、全く準備のない一同の心を不意打ちに打ち倒しました。伯父自身ついさっきまで、男泣きに泣き通しだったのです。

それでも確かに、彼に「明るい」とつぶやかせる何かがそこにありました。教会の礼拝やミサは常に人の死の先を見すえ、死を乗り越える復活の希望を告げるものです。葬儀もまた礼拝やミサの中で、復活の主を仰いで執り行われること、そこに明るさの理由があるのです。暗闇の中の一条《ひとすじ》の光を、会衆は心を合わせて見つめます。これが永遠の別れではなく、いつかまた神の前で相まみえることを、私たちの願いを超えた約束の言葉として聞くのです。

親族一同が控え室に集まり、少女の亡骸《なきがら》を囲んで讃美歌を歌いました。両親が真っ先に選んだ曲は、驚いたことに柿ノ木坂でもよく歌われる「球根の中には」でした。もともとカトリックの聖歌ではなく、アメリカ・メソジスト教会の牧師夫人が作詞作曲した讃美歌です。

いのちの終わりは　いのちの始め
おそれは信仰に　死は復活に
ついに変えられる　永遠の朝
その日、その時を　ただ神が知る

イースターの季節には毎年のように歌ってきた大好きなこの曲を、ここで歌うことになるとは思いませんでした。こんな形で歌いたくはなかったけれど、この時にこれを歌えることがどれほど私たちを慰めたでしょう。

この世になぜ苦難があるのか、幼い者がなぜ召されねばならないのか、くり返し問うていきます。問う相手のある幸いを感謝しつつ、くり返し問うていきます。

虹

命について子どもが初めて考えるのは、いつ頃なのでしょう。それにはどんなきっかけがあるのでしょうか？

皆さんそれぞれ思い出があるはずです。それについて家族の間で話し合ってみるのは、きっと有意義なことでしょう。人の生死や命についての疑問は意外に幼い日々に芽生えること、子どもの間は一見幼稚なように見えても、実はおとなの抱く疑問と根本的に違わないものであることが分かるのではないかと思います。

私自身は、振り返って思い出すことが二つあります。一つは父方の祖父母が亡くなった時のこと。二人とも短命で、私が5歳の時に祖母、7歳の時に祖父が相次いで他界しました。彼らが離れて住んでいましたが、帰省の時などは初孫としてとても可愛がってくれました。亡くなった後の深い悲しみは、今でも胸の内に残っています。

悲しみとあわせ、何とも言えない怖さを当時感じたものでした。今まで確かにいた人が、どこにもいなくなってしまうこと、自分もいずれそうなるのだということを考えると、暗闇に呑み込まれるような恐ろしさが湧いてきて、しばらくは夜眠るのが不安でした。トルストイの『イワン・イリッチの死』という短編を成人後に読んで、そこに描かれているのはあの時の自分の恐怖そのものであると思いました。

もう一つは、食べ物にまつわるエピソードです。アメリカにいた時、旅先で奮発してロブスターを注文しました。お皿に出てきた立派な姿を見て、5歳の長男がぎょっとしたように訊《き》くのです。「……生きてるの？」「生きてないよ」「僕のこと食べるな、って、怒んないかな？」「怒らないよ、たぶん」

それで長男が安心したかどうかは微妙です。私自身も幼い頃、「お魚さん、かわいそう」と涙ぐんで母を困らせたという話を聞いていました。「お皿に載ったら食べ物」という割り切りは後から学習するもので、私たちが生きていくために他の命を消費していることを、子どもは敏感に気づいています。

「人はなぜ死ぬのか、死んだらどうなるのか」という疑問、「人が生きていくために、他の生き物の命をもらわなければならない」という矛盾、どちらもおとなになったからといって自動的に解決するものではありません。こうした問題の前に立たされる時、子どもと比べて少しも賢くない自分に直面させられます。違うのは、子どもは賢いふりをしないという一点だけではないでしょうか。

ワーズワースの「虹」という詩の中に、〝The Child is father of the Man.〟という言葉があります。「三つ子の魂百まで」などとも訳されるようですが、どうでしょうか。虹の美しさや命の不思議、生死の不条理に直面して子どもの抱く素朴な喜びや恐れこそが、おとなの信念や良心の源である、そんな意味であるように私には思われます。

イエス様が幼い子どもたちを祝福なさったのも、このことと無関係ではないでしょう。

ピーターラビットの怖いお話

誰にでも、お気に入りの絵本があるでしょう。私は「クマのプーさん」が大好きでした。ディズニーのプーさんを思い浮かべる人が多いのでしょうが、私はA・A・ミルンの原作とE・H・シェパードの素朴な挿絵に惚れ込んでいましたので、ディズニーのプーさんには正直なところ違和感があります。

息子たちは幼い頃『しょうぼうじどうしゃ じぷた』(渡辺茂男作、山本忠敬絵、福音館書店)がお気に入りで、今日は何を読もうかと訊《き》くと、決まって「じぷた!」とリクエストが返ってきました。どこがそんなに面白いのか、不思議に思いながら読み聞かせるうち、こちらもあらかた覚えてしまいました。

よくできた絵本は、おとなにとっても楽しいものです。最近のマイブームはビアトリクス・ポターで、ピーターラビットはじめ、こねこのトムやあひるのジマイマなど、なじみの動物たちの姿がイギリスの田園風景の中に生き生きと浮かぶのを楽しんでいます。

ところが先日、今は成人した息子たちが、ピーターラビットと聞いて顔を見合わせました。「あれ、こわいよな」「うん」と言い交わすのは、どうやら次の場面のことらしいのです。

ある朝、ウサギのお母さんがこう言って子どもたちを送り出します。

「さあ　おまえたち、野はらか　森のみちであそんでおいで。でも、おひゃくしょうのマクレガーさんとこの　はたけにだけはいっちゃいけませんよ。おまえたちのおとうさんは、あそこで　じこにあって、マクレガーさんのおくさんに　にくのパイにされてしまったんです。」


いたずらっ子のピーターですから、「しちゃいけない」と言われれば、迷わずするに決まっています。一目散にマクレガーさんの畑に駆けつけ、木戸の下からむりやりもぐりこみ、そしてあやうく、自分が肉のパイにされそうになるのです。

それにしても「お父さん」が「肉のパイ」とは！

ほのぼのとユーモアあふれる牧歌的な絵本の世界に、何という凄絶《せいぜつ》がさらりと織り込まれているることでしょうか。

『本当は恐ろしいグリム童話』（桐生操著、ベストセラーズ）が話題になったことがありましたが、確かにおとぎ話は怖いものです。どこの国のおとぎ話でも、想像力を働かせて読んだら耐えられない残酷さがあるもので、ポターの世界はその伝統を正しく受け継いでいると言えそうです。

でも、いったい、なぜなのでしょう？

子どもに世間の恐ろしさを知らせるため？　そうかもしれません。むしろ、人間のしていることに気づかせるため？　そうも言えそうです。理屈はいろいろつきますし、心理学の立場から書かれた本なども出ていますが、どう解釈しても腑《ふ》に落ちない感じが残るでしょう。

イギリスなどヨーロッパの人々と比べ、アメリカ人はこの種の話を子どもたちに聞かせることを嫌います。『一寸法師』の英訳が出た時、「針で鬼の目を突くのは残酷」と非難があがったことがありました。おとなげないようですが、確かに正視し難い描写ではあるのです。しかし、それらを拭《ぬぐ》い去ってしまうことが本当に良いのかどうか。

説明することは難しいのですが、そのように骨抜きにされたおとぎ話からは、大事なものが消えてしまっているように思われます。それらはやっぱり、なくてはならないものだから伝えられてきたのです。

聖書にも怖い話がたくさんあります。それどころか、聖書は残酷の極みとすら言えるかもしれません。あのイエス様が全身を鞭打《むちう》たれ、十字架にかけられて苦しい死を遂げられた、それがクライマックスだというのです。でも、ちゃんと聞いて向き合わなくてはなりません。これを抜きにしたら、聖書の全体が意味を失ってしまうのですから。

受難節に、私たちは受難の物語を聞きます。受難の場面を飛ばして、復活の朝の喜びだけにあずかることはできません。キリストの受難はどうしても起きなくてはならなかったこととして、教会がたいせつに語り伝えてきた物語です。

「死」について子どもと話すこと

ついこのあいだ生まれてきたばかりの、初々しく愛くるしい子どもと「死」について話したりするのは、あまり気の進むことではありません。「死」などは、もっと大きくなってからゆっくり教えればいいではないか、そう思いたくもなります。

しかし、呑気《のんき》にかまえてもいられません。こちらの気が進まなくても、早晩子どものほうから話題にしてくるでしょう。それを受け止め答える準備があるかどうか、おとなの姿勢こそ試されることになります。

夏の終わりに都内のあるお寺を訪問し、デスカフェのミーティングを取材させてもらいました。デスカフェという名称が少々物騒ですが、「死をめぐって自由に話し合うこと」を目的とした集まりで、お寺の関係者に限らず誰でも参加できます。ヨーロッパ発のデスカフェ活動は日本でも少しずつ広がりつつあります。

今日のリーダーはスタイリッシュな長髪の若者で、これが浄土真宗のお坊さんだとは教わらなければ分かりません。彼が掲げた今日のテーマは、

「5歳の子どもに『死ぬってどういうこと？』と訊《き》かれたら、何と答えるか？」

というものでした。皆さんなら、どう答えますか？


デスカフェの体験が印象的で楽しかったので、9月初めの保護者科ではその様子を紹介し、「死」についての家庭での会話を分かち合いました。発言の中からいくつか拾ってみます。

「4歳と7歳の姉妹では、やはり相当違いがあります。4歳の次女は『私、死なないもん』とけろりとしていますが、7歳の長女は死ぬことを怖がりはじめています。」

「3歳の娘です。祖母が亡くなって『おばあちゃんはどうなったの？』と訊かれ、『お星さまになったのよ』などと答えていました。ところがある日、4、5年前の家族写真を見て自分が写っていないことに気づいたのです。『私、何でここにいないの？』『まだ生まれてなかったのよ』『……』それ以来、娘はその写真を見たがりません。」

「9歳の娘です。ニュースの内容が理解できるようになって、災害死や殺人など痛ましい死が世の中にあることを知り、これまでと違った気もちで死を意識しているようです。」

どの一つをとっても深く考えさせられますが、とりわけ印象に残ったのは次の話でした。「5歳の女の子です。災害のニュースなどから死ぬことの怖さを感じはじめましたが、しばらくしたら『死んでも、またママが生んでくれるから大丈夫』と思いつきました。それで今は納得しているようです。」

「お母さんが、きっとまた生んでくれる」

これには驚き、感嘆しました。何でもできる素敵なお母さん、どこまでも私を守ってくれる頼もしいお母さん、お母さんならたとえ私が死んだって、きっと何とかしてくれる。素晴らしい、圧倒的な信頼感ではありませんか。

もちろん、これは美しい誤解です。お母さんといえども「もう一度生んであげる」ことはできないのだと、いずれお嬢さんは悟るでしょう。しかし、この信頼は決して無駄にはなりません。親に対する信頼感は、親を与えてくれた神さまに対する信頼感への確かな入り口だからです。

主イエスが「生まれ直さなければ神を見ることはできない」とおっしゃった時、弟子のニコデモは勘違いして「もう一度母親の胎内に入って生まれることができるでしょうか？」と尋ねました（ヨハネによる福音書3章）。「私のお母さんならできるよ！」とお嬢さんは胸を張ったことでしょう。

けれども、イエス様がおっしゃったのはそのことではなく、聖なる霊によって真の命に目覚めることでした。それこそが死に打ち勝つ力と希望を与えるものなのです。

「死によって終わることのない物語、死を超えてなお続いていく物語、それを紡ぐことが宗教のたいせつな役割です。」

デスカフェの若いお坊さんはそうおっしゃいました。そのような物語の種はそれぞれの家庭の中で、両親の愛によって耕された柔らかい魂の内に芽吹くのだと思います。恐れずに「死」について語り合ってみてはどうでしょうか。

子どもの直観を育てるもの

デスカフェと、その後の保護者科の風景のことから、もう少し続けます。

家族写真に自分が写っていないことを不思議に思い、「あなたは、まだ生まれていなかったから」と説明されてから、その写真を見たがらなくなったお嬢さんのこと。

「みんなが楽しそうにしているのに、その中に自分がいなくてつまらない。」

そういう気もちの素直な表れかもしれません。単純なおとなの頭でも容易に理解できます。

ただ、本当にそれだけなのかどうか。

自分が生まれる前に、自分のいない世界があった。ということは、自分が去った後に、また自分のいない世界が続いていくということでもある。世界は自分をはるかに超えて巨《おお》きく永《なが》く、自分はちっぽけな一部分でしかない……そういった仔細を一枚の写真から鋭く感じとったようにも思われるのですが、深読みでしょうか？

もちろん子どもたちは、おとなの使うそんな言葉に頼ることはしません。むしろ言葉を超えた直観によって、山の頂《いただき》で満天の星空を見上げるような畏《おそ》れとともに悟るのでしょう。このお嬢さんに限らず、どの子どもにもそうした瞬間があります。昔、子どもだった私たち自身も、同じことを経験したに違いありません。おとなとなった今では想像もつかないようなやり方で。

児童文学の名作『メアリー・ポピンズ』シリーズには、生まれたばかりの赤ちゃんが鳥やその他の生き物と自在に交流できるのに、人間らしく育つにつれて、みるみるその能力を失っていく様子が描かれています。それが心理学的に正しいかどうかは、さほど重要ではありません。

幼子の心と魂の中で、私たちの想像を超えた大きな事件が日々起きていることに思いを馳《は》せ、これに対する畏敬の念をもつことが大事なのではないか、お子さんたちの様子を保護者科で聞きながらそう感じました。

デスカフェに話を戻しますと、当日のリーダーさんの投げかけに、実は少し違和感を感じていました。「死とは何か」と5歳の子どもに訊《き》かれたら何と答えるか、というのがこの日のテーマだったのですが、こういう抽象的なオトナ言葉を幼子たちは使わないだろうと思ったのです。リーダーさんもそこは織り込み済みで、本当の狙いは現実の5歳児にどう答えるかを工夫することではなく、集まった元・5歳児たちに自分自身を振り返らせるところにあったようでした。

いま、四国の田舎家でそのことを思い出し、自分自身のことと重ねて考え巡らしています。大きな卵塊を産み終えて動かなくなった茶色のカマキリを、秋風が縁側からさらっていきました。自然の営みの中にはおびただしい数の命があり、おびただしい数の死があります。四季の移ろいとともに日常の風景の中で、子どもたちは自《おの》ずと死生に触れながら育ちます。

この家に住んだ祖母は私が4歳の時、祖父は6歳の時に他界しました。高齢の親族との死別は幼い者たちにとって、つらいけれどもかけがえのない学びと成長の機会です。祖父母から子孫への、命のプレゼントとも言えるでしょう。

昔、この家の壁には聖句入りの日めくりカレンダーがかかっていました。「なんぢの聖言《みことば》はわがあしの燈火《ともしび》わが路《みち》のひかりなり」（詩篇119篇105節、文語訳）という聖句に、私はここで出会いました。誰かが導いてくれなければ、神様に出会うことはできません。

幼子たちは、おそらく私たちが想像する以上に、死生に対する鋭い直観と感受性をもっています。それを尊重しながら豊かに育て、おとなの言葉と信念に彫琢《ちょうたく》していく糧となるものは何でしょうか。

自然とのふれ合い、家族との交わり、そして神様との出会い、平凡なようでも結局これらに尽きるのではないかと思います。「死とは何か」という問いに対するひとりひとりの答えは、それらに養われながら時間をかけて練りあげられていくでしょう。

あとがき

連載してきたものを一冊にまとめるのは、造作もないことのように思っていましたが、今その難しさを痛感しています。

連載時には紙面の制約から毎回１４００字前後に収めなければならず、時には強引に言葉を節約したり、説明を簡略化したりします。季節の話題や時事問題、既述事項の要約再掲など、あれこれ織り込みつつ各回の話を完結させて先へ進みます。

そうした単品の素材群をいざ一つにまとめてみると、重複や迷走、脱線や飛躍が随所に見られ、冷や汗が出てきました。これらを通読のうえ、春夏秋冬の素敵な四部構成に仕立て直してくださったのは、日本キリスト教団出版局編集部の秦一紀さん、日高詩織さんのファインプレイです。厚く御礼申します。

編集過程で本来の執筆順序がかなり入れ替わり、このため「冬」の部では若い人々の苦難が連続して語られるなど、予想外の効果も生じました。そのことを含め、若いお父さんお母さんの心と魂に少しでも励ましが届くよう願っています。
最後になりましたが、柿ノ木坂教会のC.S.とC.S.通信を長年にわたって支えてこられた棟居正兄《むねすえただし》に、この場を借りて衷心より敬意を表します。

著者敬白

初出：日本基督教団柿ノ木坂教会教会学校Ｃ．Ｓ．通信　２０１５年12月号〜２０１８年11月号、
２０１９年３月号

石丸昌彦《いしまるまさひこ》

1957年生。愛媛県出身。1979年東京大学法学部卒業。1986年東京医科歯科大学医学部卒業。1994～97年米国ミズーリ州ワシントン大学精神科留学。1999年東京医科歯科大学難治疾患研究所講師。2000年～桜美林大学助教授、教授を経て、2008年～放送大学教授。専攻は精神医学。
キリスト教メンタルケアセンター（CMCC）副理事長。
日本基督教団柿ノ木坂教会員。

著書　『死生学入門』（放送大学、2014年）、『統合失調症とそのケア（キリスト教カウンセリング講座ブックレット8）』（キリスト新聞社、2010年）、『健康への歩みを支える――家族・薬・医者の役割（同ブックレット19）』（同、2016年）。共著多数。

訳書　H. スチュアート、R. アルボレダ－フローレス、N. サルトリウス著『パラダイム・ロスト――心のスティグマ克服、その理論と実践』（中央法規出版、2015年）など多数。

神さまが見守る子どもの成長　誕生・こころ・病・いのち

2020年2月21日　初版発行

著　者　石　丸　昌　彦
発　行　日本キリスト教団出版局
169－0051 東京都新宿区西早稲田2丁目3の18
電話・営業 03（3204）0422、編集 03（3204）0424
http://bp-uccj.jp

印刷・製本　三松堂

ISBN 978－4－8184－1056－5　C0016　日キ販
Printed in Japan